撮ってはいけない

知らないとあなたも犯罪者に!?
スマホ時代のルールとマナー

飯野たから 著
紺野礼央 監修

自由国民社

駅にて…
こんな所にツバメの巣ができてる！
公園にて…
子どもやペットの写真ってSNSでウケそう！
カシャ
カシャ
部屋の中にて…
ふたりで写真撮りたいな。
人に見せちゃダメよ。二人のヒミツ
わかってるよ
カシャ
カシャッ

ヒナも生まれてる。かわいいなぁ。
カシャ
!!
ちょっと、あんた！スカートの中、撮ったでしょ！
ち、ちがう!!
おい！オレのこと、勝手に撮るんじゃねえ！
書店にて…
読みたいとこちょっとだし、買うの勿体ない！
カシャ
スマホ撮りかよ。タチ悪いな。
撮ハンター 撮狩人
（本名 さかりひとし）
むむ、やはりこの街でも…
スマホの普及で、誰でもいつでも手軽にカメラマンになれます。
ただ、ルールやマナーを守らないため、トラブルも起きるんです。
そんなトラブルを解決するのが、私『撮ハンター』の仕事です。

駅にて…
だったら、みせなさいよ！あんたのスマホ！
スカートって…。僕、盗撮なんてしてません
やめてください！
きゃっ！チカン！
むむ！スマホトラブル発生！
チカン？
盗撮だ！
ザワザワ
ぼ、僕は、何も…。何もしてません
どうしましたか？
あんた、誰よ！
撮狩人。撮ハンターとも呼ばれます
スマホトラブルのお助けマンです
トラブルって、こいつ盗撮したの。犯罪者よ！
盗撮の証拠は？
証拠ならスマホにあるわ！

画像を
拝見させて
もらいますね
・・・・・・
ふん！
ツバメなんて
紛らわしい！
盗撮の証拠、あり
ましたか？彼には
画像削除の時間も
なかったはずですよ
おや？ あちらでも
揉め事が…
最初から、撮った画像を
見せていれば、こんな
騒ぎは防げたはずです。
あなたにも責任は
ありますよ。
すみません…
助かりました…。

勝手に撮りやがって！肖像権の侵害だぞ！
あなたのこと、撮ったわけじゃないわ
いいから、そのスマホよこせ！確かめてやる！
あなたにそんな権利ないでしょ！
よこせ！
キャー！
はい、そこまで！暴力はいけませんね。
なに!?
ガッ
お返しします。
あなたが噂の撮ハンター！
この方が写ってるかどうか、見せてあげてください。
わかりました。
見ろ！これオレだ！消してもらうぞ！
イヤよ！こんないい写真、消せないわ！

無断撮影は盗撮と同じだ。消さなきゃ、肖像権の侵害で訴えるぞ！
と、盗撮!?
SNSにアップしようと思ったのに…。こんな小さな写り込みでもダメなの…。だけど、訴えられても困るし…。
消す必要はないですよ
ホ、ホントですか！
こんな風に被写体の後ろに、たまたま写り込んだ人や物。相手に無許可でも、著作権の侵害にも肖像権の侵害にもなりません。
そ、そんなばかな！
ホッ
ですが、SNSにアップする場合、子供の親には許可をもらわないと。
ギクッ
これ、法律よりマナーの問題です。
ルールやマナーを守らないスマホ撮りやアップロード、撮ハンターは許しません！

目次

第1章　撮ってはいけない

第2章 使ってはいけない

第3章 歌ってはいけない

第4章 真似てはいけない

第1章

撮ってはいけない

1

子どもを無断撮影

日課のウォーキングの途中、いつも通る公園で、四、五歳の子が数人遊んでいるのを見かけました。その中にとても可愛い女の子がいて、反射的にスマホで「カシャッ!」と、撮ってしまったんです。相手に断りもせずに……。

その子の傍にママらしき人もいたのですが、他のママ友との話に夢中で、撮られたことに気づいていないようでした。改めて断るのも面倒で、「まあいいか」と、そのまま帰ってきてしまったんですが……。まずかったでしょうか。

パソコンに保存するだけで、ネットにアップしなければ何の問題もないですよね。

相手に断りなく撮れば、「盗撮」と騒がれても仕方がない

「スマホ」という便利なツールの普及で、誰でも手軽に身の回りの出来事を撮ることができます。その写真や動画が事故や犯罪の重要な証拠になり、また被害者の捜索や救難に役立っていることは事実です。その一方で、あなたのように断りもなく他人を

撮り、その写真や動画をＳＮＳにアップして被写体との間でトラブルが生じることも珍しくありません。皆さんも、無断撮影で嫌な思いをしたことがないですか。

あなたの場合、相手は撮られたことに気づいていませんから、あなたがその写真をＳＮＳにアップするなどして公表しない限り、トラブルが起きる心配はないでしょう。しかし、相手の許可なく無断で撮影したことは、やはり問題です。

「肖像権」という言葉を聞いたことがありませんか。簡単に言えば、個人が私生活において、自分の顔やスタイルをみだりに撮影されたり、撮影された肖像写真や動画を公表されない権利のことです。肖像権は今日、「プライバシー権」とともに憲法13条で保護されています。しかし、あなただけでなく、写真や動画をネット上にアップしなければ大丈夫だろうと、安直に考えている人も多いでしょう。その判断自体は、間違っているとはいえませんが、あくまで相手との間にトラブルが生じないというだけで、断りもなく他人を撮ると、その大半は法律的に、肖像権の侵害になります。

あなたがもし、公園で無断撮影に気づかれていたら、相手から「肖像権の侵害！」とか「盗撮！」と罵られ、騒ぎになる可能性があったのです。

小さな子どもを撮りたければ、許可はその親からもらう必要がある

あなたの場合、ママたちが騒ぎ出し110番されても、無断撮影だけを理由に逮捕されることはまずありません。その行為が肖像権の侵害に当たるとしても、それだけでは犯罪にならないからです（駆け付けた警察官から撮影データの消去を求められることはある）。ただし、肖像権侵害は民法上の不法行為ですから、無断で撮られて苦痛や不安を感じたなどとして、相手から慰謝料請求訴訟を起こされることはあります。

実際、銀座界隈を歩いていて無断撮影され、ウェブサイトにも許可なく掲載された一般女性が、肖像権の侵害だとして撮影掲載した法人を相手取り、不法行為に基づく損害賠償請求訴訟を起こしています。裁判所は肖像権の侵害を認め、原告女性は屈辱感、不快感、恐怖感などの精神的苦痛を被ったとして、被告に慰謝料の支払いを命じました（東京地裁・平成17年9月27日判決）。

あなたが訴えられる可能性はほぼゼロでしょうが、被写体の子の肖像権を侵害しています。法律的な問題以前にマナーとして、シャッターを切る前に「撮っていいですか」と声をかけ、相手の許可をもらうべきでした。

なお、許可は被写体本人からもらえばいいのですが、あなたの相手は小学校入学前の子どものようなので、撮影許可はその子の親からもらってください。たとえ子ども

がＯＫしても、親にも一言断らないとトラブルになることがあります。

下着ショットは親のＯＫがあっても犯罪になる

無断撮影を相手に気づかれたら、まず謝ってから事情を説明することです。自分の子が可愛いと言われて不愉快になる親はまずいません。大概許してくれます。なお、相手が撮影データを消すよう求めてきた場合には、素直に応じましょう。表現の自由を振りかざして消去を拒んだり、相手を威嚇するような対応は得策ではありません。刑法の脅迫罪や軽犯罪法に触れる可能性があります。もちろん、不当な金品要求には応じる必要はありません。

余談ですが、子どもの下着姿や裸身を撮ると、児童買春・児童ポルノ禁止法違反や各自治体の迷惑防止条例違反（盗撮）になることがあります。この場合は、たとえ親の許可があっても犯罪です。

撮ってはいけない１

他人を撮るときは、シャッターを切る前にまず相手のＯＫをもらうのがマナーです。相手が子どもの場合は、その親から許可をもらいましょう。

2

自撮り写真の写り込み

先日、中一の娘と旅行に出かけたんです。温泉、宿、食事、土産物など行く先々で娘と二人スマホで自撮りし、その画像をリアルタイムでブログにアップしたところ、大手の芸能プロからメールで、私がアップした画像にロケ中の所属タレントが写っていると、クレームが来ました。「掲載を許可した覚えはない。著作権とパブリシティ権の侵害だ」と言います。画像をチェックすると、確かに自撮りした私と娘の後方に、人気の若手タレントが写り込んでいるものが数点見つかりました。

私も娘もタレントには気づかず撮っていたと伝えたんですが、相手は画像を削除しないとパブリシティ料を請求すると言います。せっかくの旅の思い出を消したくはありません。問題の画像を削除しない場合、料金を払わないといけませんか。

芸能人やスポーツ選手にはパブリシティ権がある

旅先でなくても、日常のちょっとした出来事のワンショットをブログなどSNSで小まめにアップする人は少なくないでしょう。その画像のバック（背景）に、無関係の第三者が写り込んでいることもよくあることです。その顔や姿が鮮明で、どこの誰だか特定できるような場合、写り込んだ相手がタレントでなくても、プライバシーの侵害とか肖像権の侵害だと、クレームをつけてくることがあるでしょう。中には画像の削除や掲載料を要求してきて、断ると「裁判にするぞ！」などと恫喝する人もいるかもしれませんが、何も心配することはないのです。

結論から言うと、被写体のバックに写り込んだ相手からの画像の削除要請に応じる必要はないでしょう。また、そのまま掲載を続けても、パブリシティ料など金銭の支払いも不要です。もちろん、肖像権の侵害にもなりません。

ただ、タレントや俳優、アーティストなど芸能人やスポーツ選手を撮ったメディアの画像には著作権があります。その画像をネット配信したり、またライブなどを直接撮影するような場合は、メディアや本人（事務所）の許可と使用料やパブリシティ料の支払いが原則必要になる（有料）ということは覚えておきましょう。

そこで、あなたの場合を考えてみます。写り込んだタレントはロケ中だったということですから、芸能プロがいう「著作権の侵害」とは、著作隣接権（実演家の録音・

録画権、送信可能化権）のことです（著作権法91条、92条の2）。著作権の法律では、作家や画家、作詞家や作曲家を著作者というのに対し、タレントや俳優、アーティストは「実演家」と呼び、その権利を「著作隣接権」といいます。

あなたのしたことは、無許可でロケ中のタレントを隠し撮りした（実演家の録音・録画権の侵害）のと同じで、その画像をネット配信したのも事実です（送信可能化権の侵害）。芸能プロが言うように、外見的にはタレントの権利を侵害しています。

では、なぜ画像の削除も金銭の支払いも不要なのでしょうか。

写り込みは著作権侵害にも肖像権侵害にもならない

写真や動画を撮る場合、スタジオ撮影でもなければ、被写体のバック（背景）には人物や乗り物、建物など様々なものが写り込みます。その中には、「付随対象著作物」といって、他人が著作権をもつ絵画やポスター、ＢＧＭやライブ演奏など著作隣接権のある実演や有線放送などもあるのです。この付随対象著作物は例外的に、著作権者の許可なしに利用できることになっています（法30条の2、１０２条1項）。

あなたの場合も、ロケ中のタレントは付随対象著作物に過ぎませんから、たとえ無許可でも権利の侵害にはならず、相手の要求を呑む必要はないのです。顔がハッキリ

他人が写ってはいけないの？

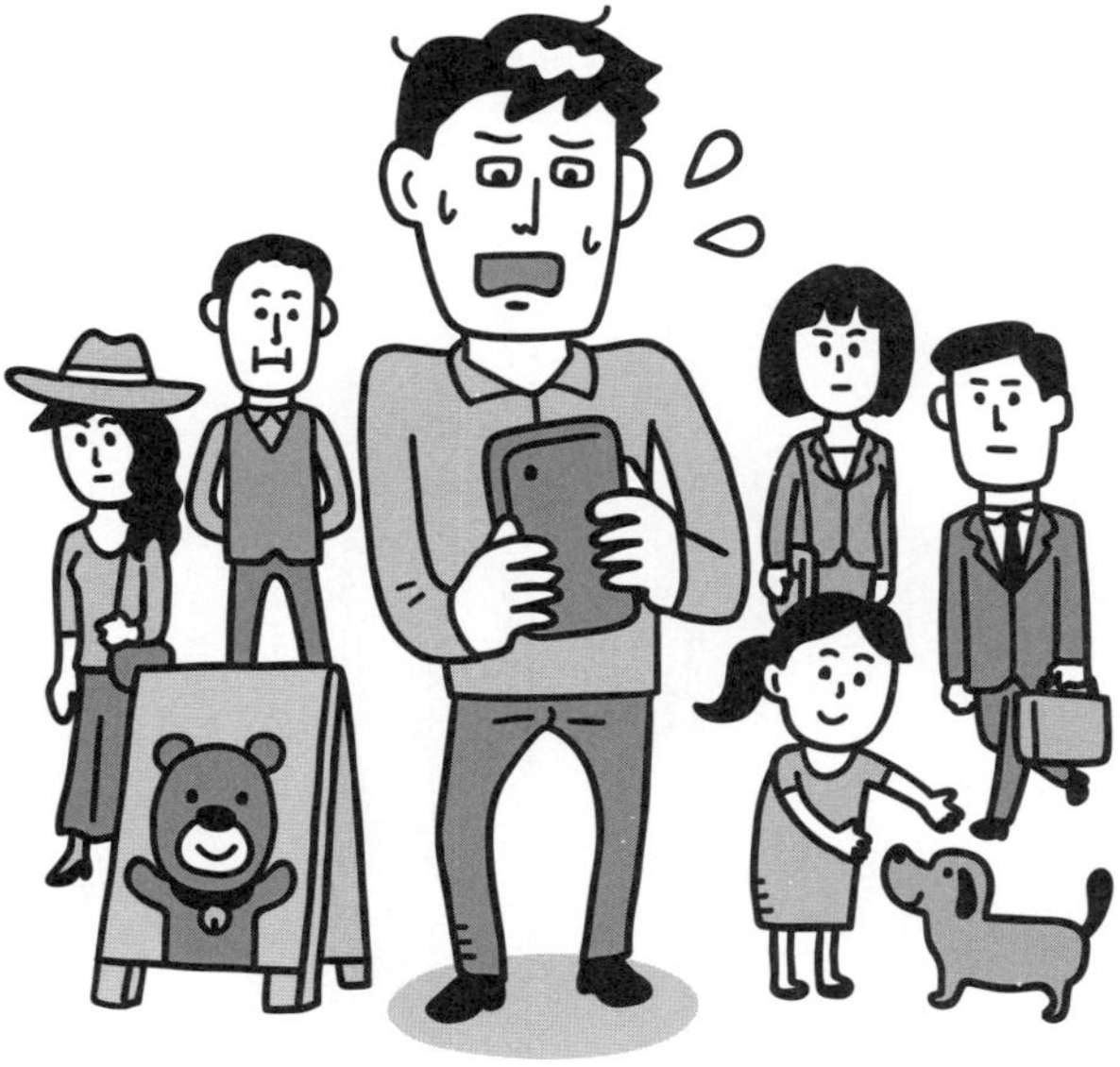

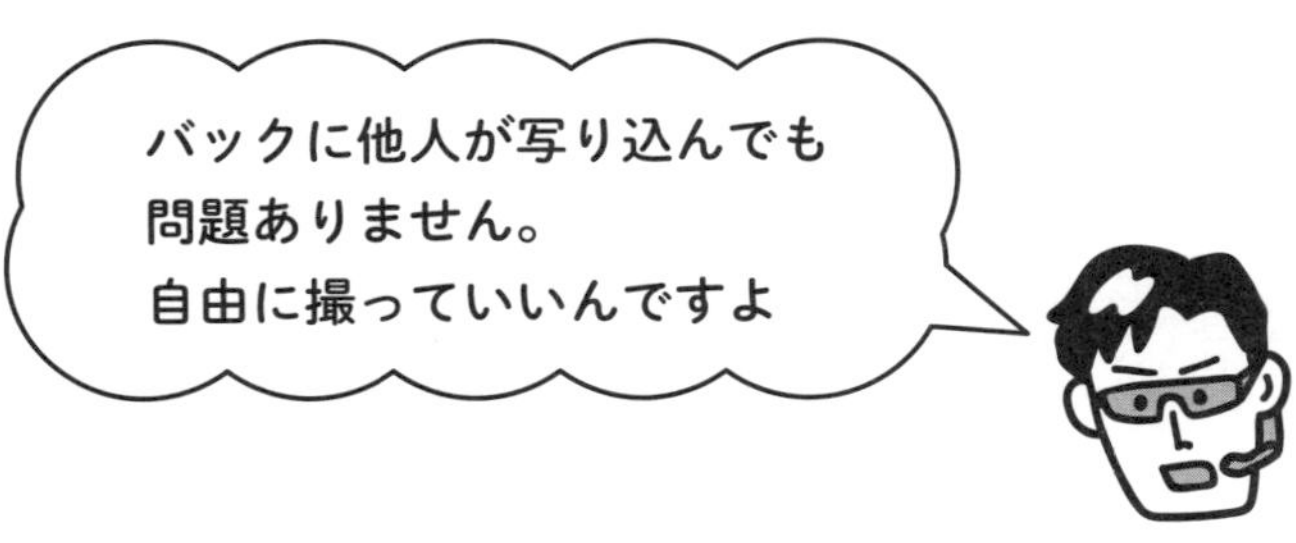
バックに他人が写り込んでも
問題ありません。
自由に撮っていいんですよ

わかるかどうかは問題ではありません。ただし、この規定は「著作権者の利益を不当に害する場合」には適用されませんから、わざとタレントが写るように撮っていたり、そのタレントの名前やロケのコメントを入れると、その判断は微妙でしょう。

クレームを避けるにはモザイクをかけたりトリミングする方法もある

写真のバックに一般の人が写り込んだ場合は、法律に規定はありませんが、たまたま写り込んだ場合や、横断歩道の歩行者やホームの乗客など大勢（不特定多数）の中の一人として写っている場合には、肖像権の侵害にはなりません。

娘さんと自撮りした写真に写り込んでいるのが一般の人で、無断で顔を曝されたとクレームがあっても、肖像権の侵害ではないので、あなたは写真の削除や謝罪をする必要はないのです。ただし、そのままアップするとトラブルを生じそうな場合、技術的に可能なら、モザイクをかけたり、トリミング加工をしておくといいでしょう。

撮ってはいけない2

自撮りした画像の背景に写り込んだ人物や著作物は、その画像をネット上にアップする場合でも削除する必要はありません。

3

SNSにアップする許可

息子同士、同じ中学のサッカー部にいるママ友と、ネットにアップした写真のことでもめてます。彼女とは息子の部活の手伝いで知り合って、その帰りにファミレスに寄る仲ですが、先週、たまには店を変えようという話になり、カラオケに行きました。盛り上がったんですよ。互いのスマホで一緒に自撮りしたりして……。

すごく楽しかったから、私その画像をSNSにアップしたんです。そしたら、彼女から「断りもなくネットに載せるなんてプライバシーの侵害よ!」と猛抗議されて。

言い返しても仕方ないから画像は消しましたが、「写真撮ろうよ」って言い出したの、彼女の方なんですよ。なのに、謝れって言うし……。私、納得できません。

SNSにアップする場合には、もう一度許可もらわないといけないですか。

他人の顔写真を無断で公表すると肖像権とプライバシーの侵害になる

「ネットに載せるね」。あなたが最初にそう断っていたら、相手がＯＫするかどうかは別として、こんなトラブルは起きなかったでしょう。あなたにしてみれば、自分から撮ろうと言ったくせに、なぜアップしたことをそんなに怒るのか、その理由がわからなくて戸惑っているのかもしれません。二人だけの秘密にしておきたかったのか、実はカラオケが楽しくなかったのか、相手がヘソを曲げた本当の理由はわかりませんが、あなたが無断で画像をアップしたことは、法律的には少々問題がありそうです。

肖像権のことは前にも話しましたが、私生活において自分の顔やスタイル（容姿）をみだりに撮影されたり、その画像を公表されない権利です。あなたの場合、どちらが撮ろうと言い出したにしろ、互いに被写体になることを許可したことは間違いありません。あなたが自分のスマホにママ友の写真データを保存することは、彼女もＯＫしていると判断してもいいでしょう。しかし、カラオケ店で撮られた画像をＳＮＳにアップすることまで同意していたのかというと、判然としません。彼女が許可していないとすれば、あなたは肖像権を侵害したことになります。

彼女は、プライバシーの侵害だと怒っているそうですが、「プライバシー権」とは、住所や電話、生年月日や学歴、家族構成など個人を特定する情報始め、その私生活について、みだりに他人から覗かれたり、公表されない権利です。このプライバシー権は、法律にハッキリ書かれているものではありませんが、肖像権同様、幸福追求権を認めた憲法13条で保護されています。ママ友にとって、その容貌やカラオケに行ったことは彼女のプライバシーです。あなたが勝手に公表することはできません。

あなたが自分の画像をＳＮＳにアップするのは自由ですが、一緒に写っているからといってママ友の画像を無断でアップすると、プライバシーの侵害になります。ママ友の画像をアップしたければ、彼女の許可を改めてもらう必要があったのです。

相手から画像を受け取った場合、無断アップは著作権侵害になる

ここまでは、ＳＮＳにアップした画像が、あなた自身が撮ったという場合の話です。しかし、スマホなどカメラ付のモバイル機器同士なら、その場で互いが撮った画像をやり取りすることも珍しくないでしょう。アップした画像の撮影者がママ友の場合、あなたは肖像権の侵害やプライバシー権の侵害の他に、著作権（公衆送信権）の侵害もしているかもしれないのです。素人写真に著作権？　と思うかもしれません。

ところが、素人がスマホで撮った日常のスナップでも、その構図などに個性（撮影者の意図）があるものは、法律上の保護が受けられる「著作物」と認められる可能性

があるのです。ママ友の撮った写真が著作物であれば、もらった画像を無断でアップすると、公衆送信権の侵害です（著作権法23条1項）。また、画像をトリミングしたり、文字や絵を重ねるなど加工すると、著作物の改変になりますから、著作者人格権を侵害したことになります（同法20条）。

撮るときにSNSへアップすることも伝えておくといい

あなたの場合、アップした画像をネット上から削除すれば、法律上はそれで解決です（謝罪義務はない）。金銭的な賠償も必要ありません。画像が第三者にシェアされ拡散されたとしても、あなたがそれ以上の法律的な義務を負うことはないのです。ただし、撮ったのがママ友の場合は、金銭的な賠償まで求められる可能性もあります。

スマホで写真や動画を撮る場合、ＳＮＳへのアップも想定できますから、あなたとしてはシャッターを押す時に、その許可ももらっておくといいでしょう。

撮ってはいけない3

友人同士の楽しい画像でも、ネット上にアップしたければ、改めて相手の許可をもらった方がトラブルは避けられます。

4

こっそり犬を撮る

住宅街なので、私が出勤する時間帯、散歩中のペットと数多く出逢います。その中に仕草がとても可愛いハーフ犬がいて、前々からスマホで撮って待ち受けにできないかと思っていました。ただ、毎朝連れ歩いている飼い主が怖そうな男性で、直接「撮っていいですか」と訊けないんです。しかも、近所の人から、その犬はテレビのCMにも出てた名物犬で人懐こいけど、飼い主は気難しくて最悪だと教えられましたし。

スマホの待ち受けにしたいだけで、SNSにアップして誰かに見てもらおうなんて思ってはいませんが、飼い主に内緒で犬だけこっそり撮ったらダメですか……。

ペットに肖像権はない

公園で遊んでいる子どもが可愛いから、街中で見かけた若い女性が魅力的だから、そんな理由で、相手に何の断りもなくカメラを向けてシャッターを切ったら、被写体となった相手から「肖像権の侵害よ！」と、クレームがつくでしょう。時には「盗撮だ！」と、110番されるかもしれません。被写体が人の場合は、事件取材など一部の例外を除けば、相手の承諾（許可）を取らずに撮影すると、肖像権を侵害したことになります。その場合、肖像権を侵害された被害者は、撮影者に損害賠償を請求することもできるのです（民法709条）。

この肖像権が憲法で保障された権利であることは、これまでにも説明しましたが、その権利を保護されるのは、あくまで人（個人）です。たとえば、ペットの犬猫は、その飼い主が「家族の一員」として、妻子同様に可愛がり、また面倒をみていたとしても、法律上は「物」として扱われます。

物であるペットに、肖像権はありません。肖像権がないのですから、あなたは飼い主の承諾なしで（無許可で）好みの犬を自由に撮っても、肖像権の侵害と騒がれる心配はないのです。撮った画像をSNSにアップすることもできます。ただし、これはあくまで、法律的に違法かつ不法な行為にはならないということです。たとえば、飼い主の前に立ち塞がって散歩を妨害したり、撮影のためにペットを一時的にでも飼い主から取り上げれば、迷惑防止条例違反や刑法の窃盗罪や強盗罪などに当たる可能性もあります。当然のことですが、こんな行為は許されません。

なお、飼い主に無断撮影を気づかれトラブルになることもありますから、犬に肖像権はなくても、撮る前に「撮っていいですか」と、一言断るといいと思います。また、相手から無断撮影を非難された場合にも、「ペットには肖像権がないから撮影は自由だ」などと、生半可な法律論で反論することは止めてください。この場合には、改めて飼い主から承諾をもらうことです。

飼い主を特定できるような画像は、公表するとプライバシーの侵害になる

あなたが写真を撮りたい犬は、CMに出ていたようですから、いわゆるタレント犬でしょう。これが人間のタレントなら、無断撮影はパブリシティ権の侵害で、所属事務所からパブリシティ料の支払いを求められることもあります。

しかし、ペットには肖像権同様、パブリシティ権もないというのが法律の考え方です。無断撮影をした場合でも、あなたに金銭を支払う義務は生じません。その画像をSNSにアップした場合も同様です。ただし、その犬の出演したCMは著作物ですから、無許可でCMから切り取った画像をSNSにアップすると、著作権侵害になります(待ち受けにしただけなら海賊版からダウンロードしない限り、私的使用として問題にされない)。

なお、無断で撮った画像からペットの飼い主やその住まいなどを特定できる場合は、たとえ飼い主の姿や自宅などが直接写っていなくても、その画像を公表すると、飼い主のプライバシー権（ペットのではない）を侵害したことになるので注意が必要です。

ペットは家族で物ではない

法律の世界では、ペットは「物」とみなされます。肖像権に限らず、たとえば交通事故など第三者の不法行為によりペットが死傷した場合、その損害はこれまで「物」として算定されていました。しかし、ペットの医療ミスをめぐる民事訴訟では、飼い主の慰謝料を認める判例が出ているのも、また現実です。

「ペットは家族」という考え方が当たり前になった今日、たとえ法律上の義務はなくても、人間の子どもと同様、相手の承諾をもらってから撮るようにしてください。

撮ってはいけない4

ペットに肖像権はないが、無許可で撮ってもかまわないということではありません。飼い主の許可をもらってから撮るのが撮影者のマナーです。

5

芸能人を勝手に撮る

よく行くカフェで、今一押しのイケメン俳優が若い女性とお茶してたから、思わずスマホで隠し撮りしちゃった。ちゃんと「撮っていいですか」って聞くつもりだったけど、二人けっこうマジな顔で話してたから、何だか声かけづらかったし。

撮った画像見たら、しお顔バッチリ写ってたから、友だちに自慢したくてSNSにすぐアップしちゃった。友人限定のページだから、問題ないでしょ……。

隠し撮りは肖像権やパブリシティ権の侵害になる

とんでもない、問題だらけです。

まず隠し撮りは、被写体の人格権や財産権を侵害する恐れがあります。具体的には、肖像権、プライバシー権、パブリシティ権です。

●肖像権

自分の容姿や私生活をみだりに撮られたり、撮られた画像などを公表されない権利（人格権）で、肖像自体に財産的価値（財産権）もある。

●プライバシー権

自分の顔やスタイル（容姿）、氏名や住所、学歴、職歴、家族構成など個人を特定する情報や私生活について公表されない権利（人格権）。

●パブリシティ権

芸能人やスポーツ選手が、自分の画像や名前をＣＭや記事に使われた場合、利用者に財産的価値＝利用料を請求できる権利（財産権）。

あなたの場合、理由はどうであれ、被写体にした俳優から撮影の許可をもらってはいません。明らかに肖像権の侵害です。また、画像をＳＮＳにアップしたそうですが、相手は芸能人ですから、パブリシティ権も侵害しています。そして、彼がカフェにいたのがプライベートな時間だったとすれば、あなたは彼の私生活も無断で公表したことになり、これはプライバシー権の侵害です。

もちろん、あなたにも撮影をしたり、撮った画像を公表する自由や権利、いわゆる「表現の自由」はあります。しかし、あなたは取材目的など正当な理由で彼の写真を撮ったとは思えません。法律的には、彼の権利を侵害したとみなされます。

なお、一緒にいた女性が写り込んでいれば、彼女の肖像権やプライバシー権も侵害したことになります。彼女が芸能人なら、パブリシティ権の問題も生じます。この女性の画像は、いわゆる「写り込み」にはなりません。

撮影のＯＫをもらっても、ＳＮＳアップまで許可されたわけではない

あなたは、俳優の画像をオークションサイトに出品するなど利益目的で撮っているわけではなさそうですから、相手から訴えられる心配はまずないでしょう。ただし、隠し取りやＳＮＳへのアップは、被写体本人や所属事務所とのトラブルを引き起こす

こともあります。芸能人を見つけても、いきなりスマホを向けるようなことはせず、撮りたい相手に、まず「撮ってもいいですか」と声をかけて、ＯＫをもらってから、シャッターを押すようにしてください。公園で遊ぶ子どもや散歩中のペットの例でも話しましたが、これは権利の侵害云々の問題ではなく人としてのマナーです。相手も人気商売ですから、直接頼めば無下には拒否しないでしょう。

なお、注意したいのは、「撮影の許可」＝「公表の許可」ではないということです。撮影はＯＫでも、公表はダメという被写体もいます。撮影の許可さえもらえば、自動的に画像を公表できるわけではありません。撮った画像をＳＮＳにアップする場合には、改めて相手の許可をもらう必要があります。

あなたは相手から撮影の許可をもらう時、併せて「友だちに見せたいからＳＮＳにもアップさせてほしい」とも頼み、ＯＫをもらっておくとよかったのです。

アクセス数稼ぎのアップは訴えられる心配も

友人限定のページだから問題ないと考えているようですが、ＳＮＳは、「アカウントを持っていて」、「あなたが友だち承認または拒否していない」相手なら、誰でもアクセスして画像を見られます。ごくわずかの限られたメンバーの他にはアクセスできないとしても、SNSは不特定多数を対象としているとみなされるのです。あなたは肖像権だけでなく、パブリシティ権やプライバシー権も侵害したことになります。

なお、訴えられる心配はないと言いましたが、その画像を売ったり、アクセス数を増やして広告収入を得るなど利益目的でした画像の無断アップは別で、相手から画像削除やパブリシティ料の支払いを強く求められるでしょう。

また、撮影と公表の許可をもらっている場合、あなたはSNSに画像をアップすることはできますが、客引き目的のカフェに頼まれ、その俳優が常連と見せかけるウソの書き込みをしたり、画像を引き伸ばした等身大看板を店先に飾ったりすれば、権利の侵害です。画像の削除や看板の撤去、パブリシティ料の支払いを求められます。

撮ってはいけない5

芸能人を隠し撮りし、その画像をネット上に無断でアップすると、肖像権侵害の他、パブリシティ権の問題も生じます。

6

盗撮を疑われる

私が通勤で使う私鉄駅は、毎年ツバメが巣作りをします。今年も駅入口から改札のある二階に上がる階段の壁に巣をかけ、子ツバメも生まれました。巣から顔を出し、親鳥を待つ子ツバメの姿が余りに可愛いので、その様子を階段を上がりながらスマホで撮ったんです。すると、前にいた若い女性がいきなり振り向いて私を指さし、「今、私のスカートの中、撮ったでしょう！」と、叫んだんですよ。ビックリしました。

盗撮なんかしてませんから、相手にハッキリ「ツバメを撮ってただけです」と反論し、撮った画像を見せれば納得してくれたでしょう。なのに慌てて、しどろもどろになってしまい、しかもスマホを隠してしまったんです。それが、かえって女性の誤解を増幅したらしく、「この人、チカンです！」と、騒ぎ出してしまって……。

周りに人だかりができ、駅員や駅前交番の警察官も駆け付けてきました。

私は、どうすればいいですか。まさか、このまま逮捕なんてないですよね。

わいせつ目的の盗撮でなければ逮捕されることはない

スマホの普及で誰でも一瞬のシャッターチャンスをものにでき、また撮った画像はすぐインスタグラムなどSNSにアップすることも簡単にできるようになりました。しかし反面、他人やそのペットを無断で撮影してもめたり、あなたのようにレンズを向けられたと誤解されて、トラブルになるケースも増えています。しかも、その対応を一つ間違うと、裁判沙汰にまで発展することもあるのです。

もちろん、あなたが逮捕される心配は、まずないと思います。あなたのスマホには子ツバメを撮った画像が残っているはずですし、階段付近でツバメやその巣を撮る人がこの時期多いことは、駅の関係者や利用客なら知っているからです。ツバメの画像を確認し、その前後に女性のスカートの中などが写っていなければ、盗撮騒ぎは相手の女性の思い違いだと判断されるでしょう。安心してください。

駅員や警官に立ち会ってもらい、撮った画像を見せるのが誤解を解く早道

あなたの場合、盗撮疑惑が誤解であることは比較的立証しやすいでしょう。ただ、人だかりができてしまったので、その場ではなく、駅の事務室や交番で改めて事情を聞かれることはあると思います。この状況では、同行を拒否したり、逃げ出すような

マネは絶対止めてください。あなたの立場が不利になるだけです。

あなたが悔やんだように、最初から女性に撮影意図と被写体がツバメだと説明し、撮った画像を見せていれば、こんな大事にならなかったはずですが仕方ありません。あなたは何も悪いことはしていないのですから、事務室や交番で正直に事情を説明し、駅員や警察官立ち会いの上、相手の女性に画像を確認してもらってください。

ところで、問題の「盗撮」とは、映画やライブの隠し撮りではなく、わいせつ目的の盗み撮りのことです。トイレや更衣室に隠しカメラを仕掛けたり、駅の階段や路上でスカートの中を撮る方法がよく知られています。軽犯罪法や児童買春・児童ポルノ等禁止法でも盗撮を犯罪行為と定めていますが、盗撮者は通常、各自治体の迷惑防止条例が適用され、処罰されるのが普通です。

その内容は各自治体により若干異なりますが、「公共の場所や公共の乗物など」で、「通常は衣服で隠されている下着や身体をカメラ類で撮影すること（撮影目的の機器設置も含む）」を「盗撮行為」と定め、「人を著しく羞恥させ、または不安を覚えさせる行為」として禁じています。その罰則は1年以下の懲役または100万円以下の罰金などと、意外に重いのです。

あなたの場合は画像に女性の姿が写り込んでいても、ツバメが被写体とわかれば、盗撮にも肖像権の侵害にもなりません。ただし、相手から画像の消去を求められたら、法律上の義務はなくても、駅員や警察官立ち会いの下、消去した方がいいでしょう。

冤罪とわかっても騒いだ女性や駅員を訴えることはできない

あなたのように、スマホを向けただけで「盗撮」を疑われてはかないません。一瞬のシャッターチャンスを逃したくない気持ちもわかりますが、公共の場や公共の乗物では、周囲の状況をよく確認した上で撮影した方が無難です。

チカン同様、一度疑われると、被害者だけでなく駅員も警察も、あなたを犯人扱いして、その言い分をまともに聞こうとはしません。何もしていなくても、盗撮の疑いが解けずに逮捕起訴されてしまうこともあるのです。その場合、後で冤罪とわかっても、訴えた相手や駅員に刑事責任や賠償責任を取らせることはまずできません。

マナー違反と無防備なスマホ撮影はしないように心がけましょう。

撮ってはいけない6

盗撮を疑われたときは、相手に撮った画像を見せるのが誤解を解く早道です。「自分は悪くない」と反発するだけでは、かえって解決が遅れます。

7

美術館での写真撮影

近くの美術館に、『活躍する地元出身の若手芸術家展』を見に行った。絵画、陶芸、彫刻など、県内の美大出身者の作品展だ。その中に、海外在住で日本では滅多に作品を見ることのできない画家の作品があった。作品集も出てないので、このチャンスを逃してはと、出品作品をスマホで撮ったんだ。

館内は「撮影禁止」だが、画像をパソコンに保存して自分で楽しむだけだし、勝手に撮ってもかまわないよな。むろん、フラッシュなんか使わない。

自分で楽しむだけなら無断撮影しても著作権の侵害にはならない

最近、美術館や博物館、イベント会場で驚かされることがあります。「撮影禁止」の文字やイラスト入りのプレートや張り紙があってもスマホで平然と作品を撮ったり、自撮りをする人をよく見かけることです。もちろん皆さん、あなたと同じように許可は取っていないと思いますけど……。

あなたは、自分だけで楽しむためだから、絵を黙って撮影しても問題はないと言います。絵（絵画）の著作権については確かにあなたの言う通りですが、実はそれ以外のことで問題があるのです。

まず、絵画の著作権ですが、絵画をコピー（複製）する権利（複製権という。著作権の一つ）は、その絵を描いた画家（著作者）のものです（著作権法21条）。あなたのようにスマホで撮っても、また手書きしたりコピー機を使っても、著作者の許可をもらわずに無断でコピーすれば著作権（複製権）の侵害です。陶芸や彫刻も、無断でコピーすると、同じように複製権の侵害になります。

もっとも、あなたのように作品をスマホで撮っている人の多くは、その画像を自分や家族、恋人などと、個人的に楽しむだけでしょう。これを「私的使用」といい、この場合は著作権者の許可がなくても、コピー（複製）できることになっています（同法30条1項）。あなたの場合、たしかに著作権の侵害にはなりません。

ただし、あなたがその画像をＳＮＳにアップすると、著作権（公衆送信権）の侵害になる場合もあります。なお、画像を他人に売ると著作権（譲渡権）の侵害です。

館内に撮影禁止の表示があれば入館のルールを破ったことになる

絵画の著作権は、その絵を描いた人（または承継人）にあると言いました。絵画を展示している美術館には著作権はありませんし、絵画を購入した所有者も、「公の展示権」という著作権しかありません。個人的に楽しむため（私的使用目的）なら、展示してある絵を、美術館に無断で撮っても、著作権法上は何の問題もないのです。その点、あなたの言い分は間違っていません。

しかし、一方で、美術館は入館者に「撮影禁止」のルール（契約条件）を課しています。あなたは、その条件をのんだ（承諾した）上で入館したのですから、絵を無断で撮ることは、美術館との契約を破ったことになるのです。入口や館内に撮影禁止の文言やマークが設置されている以上、そのルールを知らなかったという言い訳は通用しません。

あなたの場合、著作権の問題ではなく、美術館との契約により無断撮影ができないのです。無断撮影に気がつけば、美術館側はあなたに対し、契約違反を理由に画像の消去や美術館からの退去を求めることができます。美術館のスタッフや警備員から、スマホで撮るのを止めるよう注意されたら、素直に従ってください。

フラッシュ禁止は展示品の劣化を防ぐ意味もある

作品展によっては、「撮影可」というところもあります。中には、拡散を図りたいとして、ネット上へのアップも自由（許可している）という著作者や主催者もいるようです。ただし、「撮影可」と「撮影禁止」のブースが混在している会場もあり、表示がないブースについては、スタッフに確認した方がいいでしょう。

なお、撮影は自由でも「フラッシュ禁止」の表示があるブースでは、フラッシュは絶対使わないでください。禁止の理由は多くの場合、展示品の劣化を防ぐためです。強い光が当たると退色するからだと言われます。美術館ではありませんが、以前拝観した国東半島（大分県）の寺では、平安時代の壁画を多くの人に見てもらいたいと、参拝客（観光客）がいるときだけ壁画を懐中電灯で照らすようにして、文化財の劣化と公開とのバランスを取っていました。

暗い場所では自動的にフラッシュ撮影に変わるスマホも少なくありませんが、作品展などを撮る場合には、撮影禁止の有無だけでなく、こんな点も注意してください。

撮ってはいけない7

「撮影禁止」の美術展で作品を許可なく撮っても著作権を侵害したことにはならないが、主催者との契約を破ったとして退去させられる。

8

ライブを無断撮影

今一押しのアーティストのライブ、本当は彼女も誘いたかったけど、チケット1枚しか手に入らなくて。だから、彼女にライブの様子を教えてやろうと、スマホで何枚か撮ったんだ。もちろん、撮影禁止は知ってたし、開演前に携帯の電源切るよう何度も注意はあった。けど、周りにもスマホで撮ってる客いたから、大丈夫だと思ってさ。なのに、オレだけがスタッフに見つかって……。ツイてないよ。

ライブ会場の事務所で「二度とライブに来ない」って誓約書にサインさせられた上、スマホから撮影データ消すように言われたんだ。他にも撮ってた客いるのにって文句言ったら、スタッフが無理矢理オレのスマホ取り上げて、データ消したんだぜ。

警察でもないのに、こんな勝手なマネ、ちょっとひどすぎないか……！

データ消すだけで済んだのはラッキーだった

最近は、ファンがスマホで撮影できる「スマホタイム」を設けているライブもあるそうです。あなたが行ったライブには、この手のサービスはなかったのでしょうか。

ところで、隠し撮りが見つかり、ライブの主催者（アーティスト）側に半ば強引にデータを消去させられたと聞くと、「ひどすぎる」とか「厳しすぎる」と、反発する人も少なくないと思います。しかし、本当に厳しすぎるのでしょうか。

ライブの無断撮影は、アーティスト（実演家）の録音録画権（著作隣接権）を侵害する立派な犯罪です（著作権法91条1項違反）。その罰則は10年以下の懲役もしくは1000万円以下の罰金で、両方科されることもあります。法律的には、かなり悪質で重大な犯罪とみなされているということでしょう。また、あなたが逃げようとして、スタッフや周りの観客ともめ、ライブが中断するような事態になった場合、あなたに多額の損害賠償が要求された可能性大です。

そう考えると、データ消去だけで済んだのはラッキーだったともいえます。

ライブの隠し撮りは「個人的に楽しむだけ」という言い訳は通用しない

ライブの無断撮影や無断録音が、どんな場合でも実演家の著作隣接権（これ以降は「著作権」と書きます）を侵害することになるのかというと、例外はあります。その一つが、家庭などで個人的に楽しむため（私的使用目的）に撮ったと認められる場合で、著作権侵害にはなりません（同法102条1項）。あなたの場合、ライブに来られない彼女のために盗み撮りしたのですから、おそらく私的使用と認めてもらえるはずで、著作権法違反で罪に問われることはないでしょう。ただ、同じような状況でも、私的使用という言い分がいつでも通るとは限りません。

あなたの場合、スマホのみを使っていたこと、数枚のスナップを撮っただけで動画など連続撮影はしていないこと、撮った画像をネット上にアップしていなかったことなどから、主催者側は私的使用だと認めてくれるはずです。しかし、あなたが高性能な録音録画機材を使っていたり、画像をSNSにアップしたり、また動画でLIVE配信したような場合には、たとえ彼女一人だけに見せるためでも、私的使用とは認められません。著作権の侵害と判断されるでしょう。

なお、あなたは著作権法違反ではありませんが、ライブの入場契約には反します。開演前に、携帯電話の電源をオフにすることや撮影禁止について何度も注意があったはずで、あなたが隠し撮りしたこと自体、契約違反です。「聞いてない」「知らなかった」という言い訳は通用しませんし、データの消去や会場からの退去を求められても仕方ないのです。言うまでもありませんが、会場から追い出されて後のステージを見られなくても、あなたは入場料を返してもらうことはできません。

撮った者勝ちは許されない

隠し撮りが見つかると、半ば強引にスマホからデータを消去させられることもあるそうです。あなたの「警察でもないのに」という不満も、世間が厳しすぎると感じるのも、この点でしょう。たしかに正式な法律手続きによらない自救行為（自力救済ともいう）といえなくもありませんが、問題にしても、あなたが消去に同意したと反論されるだけです。もっとも、主催者側がスマホなどの機器を取り上げて返さないという場合は、明らかに自救行為といえます。主催者には没収する権利はありませんから、機器の返還を求め、応じてくれなければ警察に被害届を出すことです。

なお、会場で隠し撮りが見つからなくてもラッキーと思わないでください。後からわかっても、著作権侵害として問題にされます。撮った者勝ちは許されません。

撮ってはいけない8

「撮影禁止」のルールを無視してライブを撮ると、契約違反で会場退出と撮影データの消去を求められます。悪いのは、あなたです！

9

テーマパークのルール

社員数人の部品工場の社長です。先日、家族ぐるみの社員旅行で行った人気テーマパークで撮った写真を、みんなが見られるように私の個人ブログにアップしました。それを見た社員や取引先の勧めもあり、社員以外写り込んでいない数枚を、「誰からも愛される会社です」というコメントをつけて、会社のホームページにもアップしたんです。そのテーマパークのルールで、SNSへのアップは個人で楽しむ範囲に限るということは知っていましたが、この程度ならいいかと思ったんです。

ところが後日、そのテーマパークから、ホームページの写真について、「掲載を許可した覚えはない。削除してほしい」とクレームがきました。社員旅行でPRではないと弁明したのですが、相手の担当者は「個人使用とは認められない。著作権侵害だ」との一点張りで、削除しなければ裁判にする、というような言い方でした。

掲載の写真は、記念写真撮影用ブースで撮った集合写真、女性社員がキャラクターとハグしてる写真、他はアトラクションやキャラクターは写り込んでいますが、社員や家族の写真ばかりです。もちろん、ハグの写真はその場で撮影OKをもらいました。
訴えられても困りますが、写真も削除したくないんですが……。

テーマパークには、それ自体に「著作者としての権利」がある

十数年前のことですが、ある週刊誌で劇画の原作を書いていました。女性弁護士がヤミ金や悪徳業者を退治する話で、何回目かに主人公が「東京ディズニーランド」に現れるシーンを入れたのです。すると、シナリオを読んだ担当編集者から、「どうしてもディズニーランドでないといけませんか」と、困惑したメールが返ってきました。著作権に厳しい先で、勝手に描くわけにはいかない、他の場所に代えられないか、という相談でした。原作上、重要なのは「テーマパーク」で、漫画家や編集者がイメージしやすいだろうと思って、その名をあげたにすぎません。しかし、編集者のチェックがないまま漫画家が作画し雑誌に掲載されていたら、問題になっていたでしょう。

テーマパークは個々のアトラクションやキャラクターだけでなく、それ自体が著作物で、トータルとして「著作者の権利」があるのです。当然、その著作権の扱いは厳

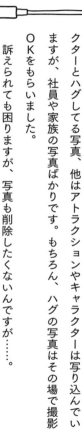

しくなり、個人の入場者に対しても一定の制限が課されます。具体的な禁止事項や規制内容は、入場チケットやパンフレット、会場内に明記されているはずです。「してはいけない」範囲は世間の人の感覚からすれば、かなり厳しい内容かもしれません。ただ、入場者はその条件を承諾してテーマパークに入園しています。ライブ会場や美術館と同様、そのルールを破れば契約違反になるのです。

わからなければ直接問い合わせればいい

あなたの場合、私的使用とはいえない会社のホームページに無許可で写真をアップしたのですから、弁解のしようがありません。とはいえ、テーマパークの写り込んだ社員旅行の写真をホームページに載せている会社もあります。しかし、そのすべての会社が許可を受けているとは思えません。また、テーマパーク側が無断掲載している全社に削除要請を出しているとも考えづらいのです。

ではなぜ、あなたの会社に、裁判をも辞さないという強い口調で削除要請が来たのでしょうか。その鍵は、女子社員とキャラクターの写真につけた「誰からも愛される会社です」のコメントにありそうです。写真の主役はキャラクターですから、見方によっては、あなたの会社をテーマパークが応援しているようにも取れます。

社員旅行の写真を削除したくないのであれば、許可を取らなかったことを謝罪し、女子社員とキャラクターの写真とコメントを全部削除することを条件に、改めて写真掲載を認めてくれるよう交渉してみたらどうでしょうか。それで許可が出なければ、テーマパークでの写真はすべて削除してください。それ以上争っても、あなたの会社に勝ち目はありません。撮った画像をどこまでアップしていいのか、具体的な制限についてはテーマパークにより異なるようですが、営利目的や営利企業の場合には原則として許可が必要だと考えてください。どのテーマパークにも、問い合わせのアドレスや窓口があります。わからない場合には、そこに問い合わせればいいでしょう。

個人的なSNSでも、無許可でアップすると公衆送信権など著作権侵害になる場合もあります。迷ったら問合せすることです。また、他人の顔がハッキリわかる写真は、ボカシを入れないと肖像権侵害だとクレームがつくこともあります。テーマパークの楽しい思い出が失われないよう、SNSアップには十分な配慮が必要です。

撮ってはいけない9

テーマパークの楽しい思い出はルールを破ると壊れます。撮った写真をSNSにアップするなら、無許可でもOKかもう一度確かめてください。

10

本を撮ってはいけない

私、最新号の情報誌は本屋さんで立ち読みすることにしています。お金もったいないし、全部の情報が必要なわけじゃないから。気になる記事や写真を見つけると、スマホでその部分を撮っておくんです。これなら、お金かからないし、最新のトレンド見逃す心配もないでしょう。
雑誌を破るわけじゃないし、撮った画像データは私が個人的に使うだけ。SNSにアップしなければ問題ないですよね。

著作権侵害や窃盗罪にはならないけど、本屋の本を撮っちゃダメ！

最近、こんな客がいると聞くことがあります。たしかに、立ち読みしたって、わずかな時間なら問題はないでしょう。「立ち読み」は、本の世界（出版界）を支えてきた独自の販促方法ですし、文化ですから、本屋の店員だって立ち読みを見かけても、普通は一々注意なんてしません。もっとも、本を買う客にしてみれば、服やバッグを買うときに、試着したり、商品を手に取って確かめるのと同じかもしれませんが。

ただし、立ち読みにも、「やってはいけない」暗黙のルールがあるんです。たとえば、あなたが言うように、本を破いたり、本の頁を折ってはいけません。見つかれば本屋さんから、代金支払いを求められることもあります。また、同じ本を長時間独占し、全頁読み切ってしまうことや、その内容をメモなどに抜き書きするのも、ルール違反です。こんな場合、本屋の店員は立ち読みを止めるよう注意しますし、従わない場合は退去を求めることもできます。あなたのように、本の中身をスマホで撮る行為は、この「立ち読み」の暗黙のルールを逸脱しています。法律に触れないからいいと言うのは、甘えです。

本の中身は他人の財産ですから、本屋に並んでいる本を、たとえ私的使用目的でもスマホで許可なく撮ってはいけません。店員に見つかると、当然止めるよう注意されますし、無視して撮り続けると、店から出て行くよう求められます。もちろん、それまでに撮ったデータがあれば、消すように求められるでしょう。

ネットなどで、本屋の本をスマホで撮っても、私的使用目的なら著作権侵害にも、また窃盗にもならないという書き込みを見かけます。たしかに、それは事実ですが、何のペナルティも受けないわけではないのです。

本屋さんでのマナー

✕ メモ・写真

○ 立ち読み

✕ 読破

✕ 元に戻さない

掲載されている記事や写真は、他人の財産だ

雑誌の記事や写真は、いわゆる「著作物」ですから、著作権者に無断で撮影すればコピー（複製）したことと同じで、著作権（複製権）の侵害です。あなたがスマホで撮ったデータをＳＮＳにアップすると、複製権だけでなく公衆送信権（著作権の一つ）の侵害になります。ただし、あなたはスマホで撮ったデータを自分で使うだけだそうですから私的使用目的に該当し、たしかに著作権侵害にはなりません。

ところで、雑誌や本は財物（有体物という）ですから、その中身の記事や写真などの情報（無体物という）にも財産的価値があります。記事を権利者の許可なくスマホで撮った行為は、いわゆる盗み（刑法の窃盗罪）にはならないのでしょうか。現行刑法の規定では、電気以外の無体物は、窃盗罪の対象になりません。要するに、スマホで本の中身を撮っただけでは犯罪にならないのです。

あなたが、著作権法違反や窃盗罪で逮捕されることはありません。

「撮影禁止」の貼り紙を無視すると最悪出入り禁止になる

あなたは、法律で罰せられる心配はありませんが、本屋の店員からデータの消去を求められることもあります。自力救済になるので、無理矢理スマホを取り上げられる

ことはありませんが、求められたら消去した方がいいでしょう（法律上は従わなければならない義務はない）。なお、「撮影禁止」の貼り紙や注意を無視して撮影を続けると、店から退去を求められたり、業務妨害だと110番される危険性もあります。

実際には、警官が呼ばれる事態になっても、本屋から業務妨害罪で訴えられたり、損害賠償を求める民事訴訟を起こされることは、まずないでしょう。しかし、その店を出入り禁止になったり、また店とは和解ができても、事実を知る第三者からネットなどにトラブルメーカーだと書き込まれることがあります。

撮ってはいけない10

わずかな手間と費用を惜しんで、本屋の本の中身をスマホで撮るようなマネは絶対にしないことです。立ち読みだけに留めてください。

11 レストランの料理を撮る

私、食べることが好きです。美味しい店、美味しい料理があると聞くと、どこでも行きます。頼んだ料理は食べる前に写真を撮り、気に入った料理はコメントをつけてSNSにアップするんです。私のSNSを見て店に行った人から、「美味しかった」と書き込みがあると、もう最高に幸せ。ホント、うれしいです。

でも今朝、紹介した店の一つから、「他のお客様の迷惑になるので、写真を撮るなら来ないでほしい」という書き込みがあり、ショックでした。店に「撮影禁止」の貼り紙もなかったし、その時、「撮るな」とも言われなかったんですよ。もちろん、他の客に迷惑なんてかけてません。レストランで料理を撮るのはいけないことですか。

店によっては撮影NGのところもある

本当に、他の客には迷惑をかけていないでしょうか。それに、店には「撮影禁止」の貼り紙もなく、撮影を制止されることもなかったそうですが、あなたは料理を撮る前に、店の人に「撮ってもいいですか」と、一言断ったのでしょうか。

今では、レストランでも居酒屋でも、頼んだ料理が運ばれてくると、あなたのように料理に箸をつける前にまずスマホで撮ることが当たり前になっています。あなたは迷惑をかけていないと言いますが、料理の味だけでなく、店の雰囲気も楽しみたいという客にとっては、ほんのわずかなフラッシュの光やシャッター音、そして撮影者の食事以外の動きが気になるものです。「写真を撮るな！」と、クレームをつける人は稀ですが、迷惑だと思っている客が少なからずいることは覚えておいてください。

もちろん、あなたが料理を撮ることは自由です。法律的には、出てきた料理は客の物ですから、すぐ食べても、写真を撮っても、残しても客の勝手で（残した料理は店の所有になる）、目の前の料理だけを撮るなら店の許可もいりません。断りなく撮っても、撮った画像をＳＮＳにアップしても、何の問題もないのです。

では、店に「撮影禁止」の貼り紙や注意書きがある場合はどうなるでしょう。この場合は、ドレスコードや禁煙と同じで、その店では撮影できないことを承諾して入店したのですから、店の許可なく勝手に料理を撮れば契約違反です。

料理そのものには著作権がない

あなたが撮った料理の写真は、その構図などに創作性があれば、「写真の著作物」になります。その著作権（著作者の権利）は撮影者のあなたのものです。

では、あなたが撮った料理には著作権はないのでしょうか。

著作権を保護される「著作物」とは、「思想または感情を創作的に表現したもの」で、「文芸、学術、美術または音楽の範囲に属するもの」です（著作権法2条1項1号）。料理の場合には、そのレシピは単なるデータに過ぎないと考えられ、著作物としては保護されません。もっとも、盛り付けなど料理の見た目や出来栄えが著作物になる可能性はありますが、「料理そのものは著作物には当たらない」というのが、法律の一般的な考え方です。

あなたが、出された料理をレストランやシェフに無断で撮影し、その画像をSNSにアップしても、著作権の侵害にはなりません。もっとも、著作権法に違反しないというだけで、撮影禁止の店では、無断撮影や無断配信は契約違反です。許可を取らずに撮影すると、店からの退去や撮影データの消去を求められることがあります。

他の客の迷惑にならないように撮るのが最低限のマナー

撮影禁止の店でなければ、客は出てきた料理を撮ることは自由です。ただ、貸切や個室でない限り、周りに他の客がいることもあります。他人に迷惑をかけないように撮影してください。たとえば、フラッシュや自撮り棒、三脚などの使用はＮＧです。ルール上は何の問題もなくても、店の人に「撮ってもいいですか」と声をかけた上でシャッターを切るのが、撮影者としてのマナーでしょう。あなたの場合も、店に一言断りを入れていたら、こんな不本意な書き込みはされなかったと思います。

なお、この声かけは店にだけすればよく、周りの客には不要でしょう。ただ、場所がカウンターなどで、すぐ隣に客がいるときは、やはり一声かけておくことです。

また、レストランや飲食店では、友人や家族と自撮りをする人も多いと思います。この場合には、店内の様子や他の客が写り込むことがありますので、撮影ＯＫでも、肖像権やプライバシー権の侵害にならないよう注意が必要です。他人が写り込まないよう構図などを工夫してトラブルにならないようにしてください。

撮ってはいけない11

料理には著作権がないので撮影には店の許可は不要だが、一言店に断ることと周りの客に迷惑をかけないことが最低限のマナーです。

12

映画の隠し撮り

大好きなアイドルグループの映画が公開中で、初日から何回も映画館に通ってる。でも、劇場公開は来週で終わっちゃう。ブルーレイやＤＶＤの発売は半年先だって。友だちに、「そんな待てない！」ってグチったら、「映画館で撮っちゃえば」って言うんだよね。機材はレンタルできるし、コピーしてネットとかで売れば、小遣い稼ぎにもなるって……。

でも、上映前の予告と一緒に、「映画の盗撮は犯罪です」って出るじゃない。刑務所行きだって。友だちは、バレても「自分で楽しむためだ」って言い訳すれば、映画館は追い出されても、捕まることはないって言うんだけど……。

自分で楽しむためだけでも映画館で盗撮すると犯罪！

映画館で盗撮は絶対しちゃダメ！　刑務所行きや逮捕って、脅しじゃないですよ。

映画の盗撮は昔からありました。隠し撮りというより、映画館で八ミリやビデオを堂々（？）と回している人もいたのです。もちろん、見つかればフィルムやテープは没収され、その人は映画館から追い出されます。ただ、著作権という権利があること自体、今日のように周知されていませんし、そもそも盗撮した画像は暗く不鮮明で、映画館で上映されている作品と比べ、ほど遠いものでした。スマホなどの手軽な機器でも上映作品と遜色ない画像が撮れる今とは違います。

ところで、あなたの友だちが「盗撮がバレても、自分で楽しむためだったと言い訳すれば捕まらない」と話したのは、私的使用目的なら他人の著作物を無断で撮っても著作権（複製権）の侵害にならないという、著作権法の例外規定（30条1項）のことを言ったのでしょう。映画も著作物ですから、この規定も確かに適用されます。

しかし、映画館で観客から料金を取って上映する映画の盗撮については、この私的使用の例外規定は適用されないのです。著作権保護期間（映画公表後70年）を過ぎた映画、日本国内で有料上映をした時から8か月が経過した映画を除けば、映画館での盗撮は、たとえ私的使用目的でも著作権侵害の犯罪とみなされ、処罰を免れることはできません（映画の盗撮の防止に関する法律4条1項）。その罰則は、あなたが映画館のスクリーンで観たように「10年以下の懲役もしくは1000万円以下の罰金」で、しかも、その両方が科される（併科という）こともあるのです。

有罪になると、盗撮に使った機材は没収される

あなたが盗撮を考えているのは、今上映中の映画ですから、公開後8か月は経っていないでしょうし、アイドルグループの映画ですから、まだ十分に著作権保護期間内でしょう。当然、映画の盗撮は犯罪になり、私的使用という言い訳は通用しません。

盗撮が見つかり、映画館側から告訴され、しかも起訴されると、最悪刑務所行きもないとはいえないのです。しかも有罪になると、盗撮者は盗撮に使った機材や撮影データを没収された上（刑法19条1項）、民事上も損害賠償を請求されることもあります。たとえ警察に通報されない場合でも、画像データを消去させられた上、映画館から退場させられるでしょう。もちろん、入場料は返してもらえません。

なお、公開前の試写会など入場無料でも、盗撮は処罰の対象です。

数カットの盗撮でも契約違反で映画館を追い出される

あなたのように何度も映画を見ているファンの中には、贔屓のアイドルがアップになったカットだけ撮れれば満足という人もいます。こんな場合、スマホは便利ですね。

なお、映画の盗撮の防止に関する法律が適用される「盗撮」は、①著作権者に無断で映画の映像を録画、その音声を録音し、かつ②映像を連続して録画した場合です。

数カットを盗み撮りしても連続した録画ではないので、この法律のいう盗撮には該当しません。自分で楽しむためだけに数カットを撮った場合には、著作権法の私的使用目的と認められ、著作権の侵害にも、この法律の犯罪にもならないのです。
もちろん、無断撮影が許されるということではありません。映画館は通常、約款で「盗撮禁止」「無断録画・無断録音の禁止」を定め、館内にその旨掲示したり、上映前に館内放送などで、観客に注意喚起をしています。観客はその約款を了承して映画館に入場したのですから、映画を無断撮影・無断録音するのは契約違反です。犯罪にはならなくても、盗撮が見つかれば、映画館からの退去とデータの消去を求められます。もちろん、入場料は返してもらえません。

撮ってはいけない12

映画の盗撮は重大な犯罪です。たとえ自分しか見ない場合でも、盗撮者は逮捕される恐れがあります。映画の盗み撮りは絶対に止めましょう。

13

街撮りとマナー

私の仕事、月の半分は出張です。家族と過ごせる時間が少ないので淋しいですが、反面、出張先の街を見て歩く楽しみもあります。面白い看板やオブジェ、建物などを見かけると、愛用のカメラやスマホでパチリ。時には、その場からSNSにアップしたり、妻にメールで画像を送ります。仕事の疲れやストレスも、これで解消ですよ。

でも、時にはトラブルも生じます。先日も取引先からの帰り道、路地にある居酒屋の壁に変わった動物の看板を見つけました。カメラを構えると、いきなり店のドアが開き、店主が飛び出してきて、私に「撮るな！」と怒鳴ったんです。

慌てて撮るのを止めましたが、建物や看板、公園や路上のオブジェなど屋外にある物でも、作った人や所有者の許可がないと、撮れないんでしょうか。

公園や路上に常設されたオブジェは自由に撮れる

あなたの被写体は、公園や路上、グラウンドなど一般開放されている屋外の場所に、常設（恒常的に設置）されているオブジェや看板、それに建物のようです。肖像権やプライバシーの問題は生じませんが、その被写体が著作物の場合、撮影や撮った画像をSNSにアップするには著作権者の許可が必要になります。たとえば、オブジェが「美術の著作物」、建物が「建築の著作物」に当たるような場合、無断で撮影したり、その画像をSNSにアップすると、著作権（複製権、公衆送信権）の侵害です。

もっとも、あなたのように個人的に楽しむためだけに撮る（私的使用目的の複製）場合は、無断撮影しても著作権の侵害にはなりません（著作権法30条1項）。

また、「美術の著作物」でも、街路や公園、その他一般に解放されている屋外の場所、建造物の外壁、見やすい屋外の場所に常設されている「屋外の著作物」の場合、次の①～④のケースを除けば、著作権者の許可がなくても自由に利用できます（同法46条）。あなたが撮った画像を無断でSNSにアップしても、著作権（公衆送信権）の侵害にはなりません。これは「建築の著作物」の場合も同じです

①彫刻を増製する場合

②建築の著作物とまったく同一の建築物を作る（複製する）場合

③屋外の見やすい場所に常設するために複製する場合
④販売目的で美術品を複製する場合

あなたは撮った写真を売るつもりはないようなので、屋外の常設のオブジェや建物を無許可で撮影できますし、撮った画像をSNSにアップするのも自由です。ただ、一般開放された場所の屋外展示でも、常設ではなく期間限定で設置されるものには、この規定が適用されません。撮影禁止という展示もあるので注意が必要です。展示品を無断で撮っていいかどうかわからない場合には、公園などの管理事務所やイベントの主催者に必ず確認してください。トラブルが避けられます。

なお、商店や企業の壁看板、屋外広告などは、著作権より商標権の問題でしょう。もっとも、あなたが、その複製品を売るなど、看板や広告の権利者や所有者に損害を与えるようなことがなければ、撮影もSNSへのアップも相手の許可は不要です。

店の看板は「撮ってもいいですか」と声をかけるのがマナー

あなたのように、公園や路上など一般開放された屋外の場所に常設されたオブジェ、看板、建物などを個人的な楽しみで撮影し、その画像をSNSにアップすることは、著作権や商標権、表現の自由と被写体の権利とを比較しても、法律的な規制や制約はなさそうです。撮影やネット上への投稿に、制作者（著作者）や所有者など権利者の許可をもらう必要はありません。著作物とはいえない模倣品や複製品、ありふれた住宅やビルについても同じです（面白いと思う感覚は個人的なものなので、あなたが撮りたい物や建物が必ずしも著作物とは限らない）。ただし、あなたが撮った画像に個人住宅の表札や住人の顔が写り込み、その住所や住人が特定できる場合は、画像を公表するなら、法律上の義務はなくても、その名前や顔をボカすなどの配慮はしてほしいものです（個人情報が流出すると、相手の住人に迷惑がかかることもある）。

なお、店の看板や建物を撮ろうとして、あなたのように店主や住人とたまたま顔を合わせることがあります。この場合には、「撮ってもいいですか」と、声をかけるのがマナーです。相手から「止めてほしい」と言われたら、諦めてください。

くれぐれも、「撮る権利がある」とか、「法律上、断る義務はない」などと、身勝手な権利を振りかざさないことです。

撮ってはいけない13

一般開放されている路上や公園のオブジェ、また商店や会社の壁看板や屋外広告などは、原則自由に撮ってもかまいません。

14

オークション用の写真

会社経営者だが、事業拡大が裏目に出て資金繰りが苦しい。銀行はもう貸してくれないし、といって高利の金に手を出したら終わりだ。で、景気が良かった時に集めた現代作家の絵をオークションサイトで売って、当座の資金繰りに充てることにした。さっそく出品作品の写真を撮り、サイトに載せると、思ったより反響があり、すべてが予想以上の値で売れそうだと喜んだのも束の間……。サイトの写真を見た作品の著作者から、「写真を撮ってネット上に載せることを許可したつもりはない。著作権侵害だから使用料を払え」と言ってきた。たしかに描いたのは彼だが、私は金を払って、作品を買ったんだぞ。絵の持ち主である私に、すべての権利があるんじゃないのか……。

絵の所有者には著作権がない

あなたがオークションサイトに出品する絵の写真を撮り、その画像をアップするのに著作者の許可はいりません。著作権侵害だと騒ぐ著作者の主張は言いがかりです。

ただし、絵の持ち主（所有者）にすべての権利があるという考えも間違いです。

あなたは絵の所有者として、その絵を売ったり、担保に入れたり、貸し出す権限はあります。しかし、その絵を撮影（コピー）したり、撮った写真をネット上にアップするなど、絵そのものを自由に利用できる権利（著作権）は、その絵を描いた画家のもので、絵の所有者には「公の展示権（76頁参照）」以外にはありません。

絵は彫刻や版画と同様、「美術の著作物」です。絵をコピーしたり（複製）、ネット上に写真をアップする（公衆送信）など自由に利用できる権利（著作権）は、著作者である画家のものです（著作権法17条）。著作者以外が、その絵を利用する場合は、著作者の許可（許諾という）をもらわなければなりません。著作者に無断で、その絵の写真を撮ったり、撮った写真をネット上にアップすると、著作権の侵害です。

「あれっ？　著作者の主張は言いがかりだと言わなかったか。矛盾してるぞ」。

そう思われた人も多いでしょう。後半でその理由を説明しますが、簡単に言えば、許諾権である著作権には、私的使用目的など著作者の許可がなくても著作物を利用できる例外規定（著作権が制限される場合）が数多くあるからです。

「所有権」と「著作権」は全然ちがう！

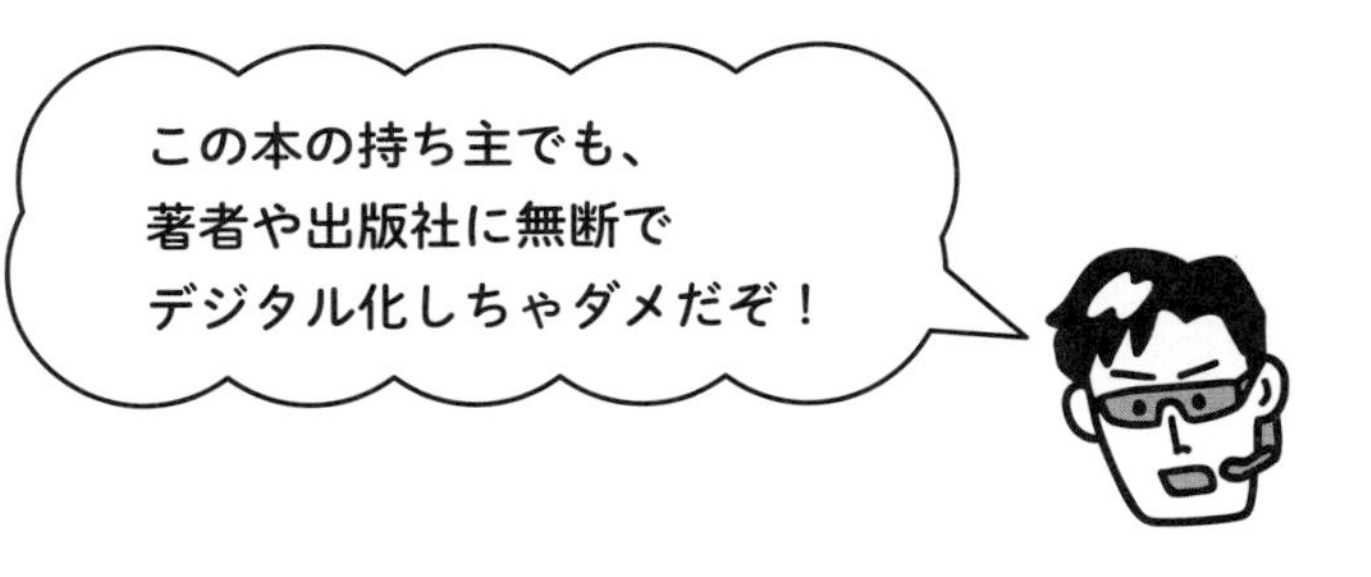

絵を売るためなら、所有者は無許可でも絵の画像をネットに載せられる

「公の展示権」とは、美術品や写真の著作物のオリジナル作品を美術館など公の場所で展示できる権利で、著作者でない著作物の所有者が持つ唯一の著作権です（著作権法45条）。あなたのような絵の所有者は、その絵を展示する権利はありますが、展示した絵の写真を撮ったり、撮った写真をSNSにアップすることを許可する権限まではありません。複製権や公衆送信権の許諾は、著作者だけができるのです。

あなたの場合も、私的使用目的以外で絵の写真を撮ったり、その画像をネット上にアップするには、やはり著作者の許可が必要です。絵の持ち主だからいいだろうと、無断撮影や無断配信をすると、著作権の侵害になります。ただし、これには私的使用と同じような例外規定があります。

あなたのように、ネットオークションや通信販売を使って絵を売りたいという場合、その広告用に絵の写真を撮り、撮った画像をアップするなら、著作者の許可はいりません。ただし、ネット上に画像を公開する場合には、第三者によるコピー防止や著作権者の利益を不当に害しない措置を講ずる必要があります（同法47条の2）。また、展示の解説や紹介用にパンフレットなどを作る場合も許可は不要です（同法47条）。

著作者がしつこく金を要求する場合には警察に相談を

著作者の言い分は明らかな誤りですが、この例外規定は著作権法が施行された最初からあったわけではありません。比較的新しい改正で加えられたものです。もっとも、一般の人が自分のパソコンやスマホから参加できるネットオークションやネット通販など当時は考えていなかったでしょう。第一、著作権の保護という考え方が世間一般に知られるようになったのは、ここ二〇～三〇年のことです。

あなたが著作権法の規定に基づいて撮影し、必要な措置を講じた上で配信していれば、絵の著作者のクレームなど無視していいと思います。相手がもし、しつこく金品を要求してくるようなら、警察や弁護士に相談してください。電話やメールで著作権侵害ではないことを伝えたり、しつこい請求を止めるよう内容証明を出す方法もありますが、このようなトラブルでは、相手と直接関わることはお勧めできません。

撮ってはいけない14

所有する絵をオークションサイトで売るためなら、著作者の許可がなくても、その絵の写真を撮影でき、画像をネット上にアップできます。

15

ネット上にある写真

私、家でも学校でも、通学の電車でも、いつもSNSやサイトの書き込み見てる。だから、友だちとお茶してたり、彼といる時もスマホ手放せないの。だって可愛い写真、いっぱいアップされるから、見逃したくないもん。気に入った写真、画像ファイルをダウンロードしてスマホやパソコンに保存しておくの。芸能人のもあるよ。

中には、「無断コピー禁じます」って書いてある画像もあるけど、コピーした画像は自分のアルバムに保存して、時々見て楽しんだり、待ち受けとかに使うだけだから、投稿した人の許可なくても平気だよね。

ネットにアップしたり、その画像をコピーして売るのはNG！

あなたのように、授業中や仕事中も、また人と話している時でも、その傍らに常にスマホを置いてチェックを欠かさないという人が、私の周りにも大勢います。最近では約7割の人がスマホを利用していて、20代の95・4％をピークに、10代から40代までの利用率は8割を超えるそうです（総務省・平成27年度情報通信メディアの利用時間と情報行動に関する調査）が、手軽にインターネットに接続でき、撮った画像のアップや他人の投稿画像のダウンロードも簡単というのが普及した理由でしょう。

ところで、ネット上の画像には、誰でも自由に使える著作権フリーのものもあれば、著作権者に無断でコピー（複製）や再配信をすると著作権侵害になるものまで様々です。中には、画像の利用にパブリシティ料がかかるものもあります。

もっとも、あなたの場合は、自分で楽しむためだけに画像をコピーして、スマホやパソコンに保存するというのですから、これは私的使用目的です。無断でコピーしても著作権の侵害にはなりません。パブリシティ料の問題が発生する心配もいらないと思います。気に入った写真があれば、風景でも、ペットでも、人でも物でも、自由にコピーし、アルバムファイルに保存すればいいでしょう。「複製禁止」や「無断使用禁止」の表示があっても、その画像がダウンロードできれば問題ありません。

ただし、取り込んだ画像を著作権者に無断でコピーして売ったり、許可なくネット上に再配信すると、著作権の侵害になる場合があります。

コピーガードを外して取り込むと、自分で使う場合でも違法になる

「複製禁止」や「無断使用禁止」の表示がある画像には、ファイルがコピー（ダウンロード）できないものがあります。芸能人のインスタグラムや企業のホームページに多いようですが、他人が勝手に画像をコピーできないように技術的保護手段（コピーガード）を講じてあるのです。コピーガードのかかっている画像については、たとえ私的使用目的でも無断コピーは許されません。著作権の侵害になります。

コピーガードがかかってるのなら画像ファイルのダウンロードやプリントアウトはできないはずだから、無断コピーなんかそもそも不可能だと思う人も多いでしょう。しかし現実には、コピーガードを解除できる（技術的保護手段の回避という）違法なソフトが出回っていて、これを使って画像を無断コピーをする人がいるのです。

また、ネット上にある画像は必ずしも著作権者など正当な権利者がアップしたものとは限りません。海賊版と言われる違法コピーされた画像も少なくないのです。

海賊版だとわかっていたら、その画像はスマホやパソコンに取り込むな

コピーガードの解除ソフトを作って売ったり、人に貸したりすれば、著作権法違反です（3年以下の懲役もしくは300万円以下の罰金、または併科する）。違法ソフ

トを使っただけでは罰せられないかもしれませんが、著作権の侵害であることに違いはありません。そのソフトの売主や貸主が摘発されると、警察に事情を聞かれたり、ソフトやダウンロードした画像を没収されるなど、面倒に巻き込まれます。私的使用目的だという言い訳は通用しません。違法な解除ソフトは絶対に使わないことです。

なお、ネット上の画像には、この違法ソフトで解除した海賊版もありますが、一般の人が海賊版かどうか見分けるのは必ずしも容易ではありません。詳しくは次章16の「動画サイトと違法サイト」（157頁）で説明しますが、海賊版と知ってアニメをダウンロードすると、たとえ私的使用目的でも罰せられます（同法30条1項3号、119条3項）。もっとも、文化庁によると、罰せられるのは映画や音楽など「デジタル方式の録画や録音」だけで、写真の画像ファイルのダウンロードやテキストのコピペなどは私的使用目的なら違法にはならないそうです。

いずれにしろ、怪しいサイトの画像や動画はスルーしておいた方が安心でしょう。

撮ってはいけない15

ネット上の写真は、自分で見て楽しむだけなら、その画像をコピーし、スマホやパソコンに保存するのは自由です。通常、許可はいりません。

16

全裸の写真

オレ、大学生。ブログやってるけど、アクセス数により広告料入るシステムだから、何とかフォロワー増やしたいと思ってたんだ。で、身体には自信あるから、全裸写真をアップしてみた。自宅や大学のサークル室、バイト先の休憩室とかで、ブリーフも脱いだ生の肉体を撮って。これが大受け。フォロワーもアクセス数も急上昇だよ。

「わいせつ!」とか、「犯罪!」って批判的書き込みもあるけど、路上とか駅のホームとかスーパーの売り場など屋外や人がいるところで撮ったわけじゃないし、彼女とのエッチシーンでもないから、まさか捕まることはないよな……。

全裸写真をアップしても、それだけでは犯罪にならない

あなたのようにフォロワーを増やそうと、ことさら過激なシーンを演出、その画像をSNSに投稿する人も珍しくありません。ただし、犯罪として摘発されたり、被害を被った人から多額の損害賠償を請求される場合もあることを忘れないでください。

あなたの場合、全裸だそうですが、下着をつけていないというだけで、犯罪として摘発されることはないでしょう。人気お笑いタレント、アキラ100％さんが、今もテレビに出ていることを考えれば、納得できますよね。ただ、その写真に男性器が写っていると、「わいせつ図画陳列罪（刑法175条）」に当たる可能性はあります。

アップした写真すべてで一つの作品というのならともかく、あなたはフォロワーを増やしたいだけで、芸術性とか思想性はなさそうです。男性器や肛門が写ったものは削除しておく方が賢明でしょう。なお他人に売るつもりがなければ、自分の男性器の撮影を罰する法律はありません。

なお、屋外でなければ大丈夫と思っていませんか。たしかに公然わいせつ罪（同法174条）にはなりませんが、刑法の「わいせつ、強制性交等及び重婚」の罪である「わいせつ物陳列罪」は、撮影場所に関わらず、写真がわいせつなら成立します。

アップした写真の「わいせつ性」が問題になる

わいせつ物陳列罪は、「わいせつな文書、図画、電磁的記録に係る記録媒体その他の物を公然と陳列した行為」を犯罪としています。ブログの写真は図画になりますが、それが「わいせつな図画」とみなされるのは、「いたずらに性欲を興奮または刺激し」、かつ「世間一般の大人の正常な性的羞恥心を害し」、「善良な性的道徳観念に反する」ものだった場合です。要は見る人のスケベ心を煽り、他人に見たことを知られると恥ずかしいもの、ということでしょうか。ただし、何が「わいせつ」か、どこからが犯罪になるかは、個別に判断するしかありません。

あなたの写真も右の基準に照らして「わいせつ性」を判断するしかありませんが、その判断に当たっては、「表現の自由」との優劣も重要な要素です。ただし、「表現の自由も公共の福祉の制限を受ける」というのが裁判所の姿勢で、たとえ芸術的・思想的価値のある図画でも、わいせつ性が認められれば、「性生活に関する秩序」や「健全な風俗、性道徳」を維持するためには、処罰の対象になるとしています。

個人的には、たんに男性器が見えただけで「わいせつ」とは思えませんが……。

世間が「わいせつ」とは思わない図画でも裁判所の判断は違法のまま

あなたの写真に、「わいせつ」と判断されるものがなければ、自分の肉体美を見せてフォロワーが増えたのですから、何ら恥じ入ることはありません。

ところで、「チャタレー」事件や「四畳半襖の下張り」事件を始め、刑法１７５条による芸術作品の規制は、表現の自由を保障した憲法21条に反して違憲だと争われた事件は少なくありません。ただ、最高裁はいずれも合憲と判断しています。

最近も、女性器をかたどった立体作品をアダルトショップに展示し、自身の女性器の３Ｄデータをネットで配信した漫画家が、わいせつ物陳列罪、わいせつ電磁的記録等送信頒布罪に問われた事件がありました。一、二審とも、立体作品は「わいせつ物には当たらない」として無罪でしたが、３Ｄデータについては芸術性や思想性は読み取れないなどとして、わいせつ物と認め、二審も、一部無罪で罰金40万円とした一審判決を支持、双方の控訴を棄却しています（東京高裁・平成29年4月13日判決）。

新聞記事によると、弁護側は上告したそうで、いずれ最高裁の判断が下るはずですが、女性器の３Ｄデータに「わいせつ性」を認めた一、二審の判断には首を傾げたくなります。性風俗や性道徳は社会の変化により変遷しますが、ネット上により過激な画像があふれている今日、わいせつ性の判断も市民目線で行ってほしいものです。

撮ってはいけない16

金もうけ目的の全裸写真は「わいせつ」とみなされても仕方ない場合もあります。「被害者がいるわけじゃないし」という言い訳は通用しません。

17

リベンジポルノ

私、就職を機に学生時代の彼と別れたんです。仕事で遅くなることもあるし、歓迎会とかで飲む機会も増えるじゃないですか。でも彼、それが不満みたいで、会うたびに「他に男が出来たんだろう！」って、私の携帯電話の着信記録やメールをチェックするんです。煩わしくて、私から別れを切り出し、彼も渋々納得しました。

けど何日か前、友人から「大変よ！　あんたと元彼がエッチしてる動画、ネットに流れてる」って教えられたんです。会社でも、同期の男子社員から「ハードコア並みだな」って、からかわれるし……。ショックです。

元彼、訴えるつもりですが、ネットに流れた画像を消せませんか……。

リベンジポルノは立派な犯罪

あなたのように、元交際相手が無断で自分たちの性行為の画像（私事性的画像記録という）をネット上に公表する犯罪が「リベンジポルノ」で、被害者は名誉や私生活の平穏を脅かされ、精神的苦痛を受けます。警察庁によると、平成28年1年間に全国の警察に1063件の相談があったそうです。ただ、そんな画像があることを誰にも知られたくないという人もいますので、実際にリベンジポルノの被害者はもっと多いのではないかと思います。

このようなリベンジポルノによる被害の発生や拡大を防止し、加害行為を処罰するために施行されたのが、リベンジポルノ防止法（正式には「私事性的画像記録の提供等による被害の防止に関する法律」という）です。あなたの元彼のように画像を公表（配信）した者は、3年以下の懲役または50万円以下の罰金が科せられます。

あなたが元彼の処罰を望むなら、告訴すればいいのです。親告罪なので、告訴しないと元彼は罰を受けません（告訴しても必ず罰せられるとは限らない）。

プロバイダへの削除要請が第一で、訴えるのは後からでもいい

リベンジポルノの被害者は、画像を無断配信した相手（元彼など）を告訴できますが、相手がしつこく復縁を迫るなどストーカー行為をするとか、DVを受ける恐れがある場合を除けば、最初にしなければならないのは、ネット上にアップされた画像の削除です。告訴は時効期間（3年）が過ぎなければ、削除の後でも間に合います。

相手が画像の削除に応じなければ、被害者はサイトの運営者やプロバイダに対し、自分の画像を削除する（私事性的画像侵害情報の送信を防止する措置を講ずる）よう直接依頼できます。プロバイダは被害者からリベンジポルノ防止法に基づく削除依頼の申請を受けたら、画像発信者（あなたの場合は元彼）に照会し、相手が2日以内に「画像削除に同意しない」と回答してこない場合に限り、被害者の申出を受け入れて画像を削除することができるのです。また、検索エンジンに画像の存在がわかるようなスレッドが残っている場合は、その削除も検索エンジン側に要請してください。

もっとも、プロバイダやサイトが画像をリベンジポルノと認めて削除に応じ、必要な処理をしてくれたとしても、ネット上に一度アップされた画像を完全に消すことは事実上不可能でしょう。削除されるまでの間に画像が拡散してしまうからです。拡散を防ぐには、一分一秒でも早く削除依頼の申請ができるかどうかが重要になります。告訴より削除を優先しろというのは、こういう理由です。

なお、削除依頼の申請は被害者本人ができますが、被害者に代わってプロバイダに申請してくれる団体もあります。また、弁護士に頼むと、プロバイダへの削除依頼の申請、相手方（元彼）との交渉、警察への被害届や告訴状の提出、元彼に対する民事訴訟など必要な法律手続きのすべてを任せられます。費用はかかりますが、相手から脅されたり、しつこく復縁を迫られている場合などには有効です。

恋人同士でも、エッチシーンは撮らない、撮らせない！

自分がリベンジポルノの被害者になるなど、相手とラブラブ状態の時には誰も予想しないでしょう。二人の愛の確認のため互いの全裸写真やエッチシーンを撮るのも自然な流れです。二人だけで楽しむだけなら何の問題もありません。スマホで手軽に撮影できることも、この傾向に拍車をかけているのでしょう。

しかし、どんなに仲のいいカップルでも互いの気持ちが冷えれば別れるのですから、後々リベンジポルノが起きないよう、互いの裸やエッチシーンなどは撮らない、また撮らせないことです。

なお、リベンジポルノの被害にあったら、一人で悩まず、家族や友人、警察などに相談してください。弁護士以外の相談先も少なくありません。

撮ってはいけない17

恋人同士はラブラブぶりをＳＮＳにアップしがちだが、リベンジポルノを防ぐためにも、「エッチシーンは撮らない、撮らせない」ことです。

18

夫の浮気現場

結婚して10年、夫との仲は冷え切っています。原因は夫の浮気癖です。夫は浮気がバレるたびに、毎回「女とは手を切る。二度と浮気はしない。約束する」と謝るので、私はこれまで許してきました。しかし、また……。相手は私の高校時代の親友です。今度ばかりは許せません。離婚を決意した私は、夫に離婚届を突き付けました。

でも夫は、「浮気などしていない」と、離婚に応じてくれません。私は浮気の証拠をつかもうと外出する夫を尾行し、親友とホテルに入るところを隠し撮りしたんです。

その画像をSNSにアップし、夫と親友の職場にもメールで送りつけてやります。悪いのは浮気した夫と親友ですから、何の問題もないですよね。

浮気現場を隠し撮りしても、それだけでは罪に問われない

問題はあります。まず、隠し撮りしたことですが、ご主人の後をつけただけのようですから、これについては、あなたが法に触れるようなことはありません。ご主人や相手の女性のプライバシーを侵害しているのではという見方もあるでしょうが、不倫は公の秩序と善良の風俗に反する行為ですし（民法90条）、ご主人は浮気（法律では不貞という）をしないという夫婦の貞操義務に違反しています。なお、浮気は法律が認める離婚事由の一つです（同法770条1項1号）。

あなたが、ご主人の浮気を確認するために尾行し、その現場を隠し撮りしたことは妻としての権利ですから、ご主人と親友の権利（プライバシー権）を侵害したとしても、法律上は許される範囲の行為だと思います。ただし、いくら不倫関係を証明するためでも、相手の女性宅に忍び込み、隠しカメラを仕掛けるようなことは違法です。

問題は、あなたが隠し撮りした画像を二人に無断でSNSにアップし、それぞれの職場にもメールで送りつけようとしている点です。

浮気の証拠写真でも相手に無断でSNSにアップすると、名誉棄損？

街中で、何の断りもなく他人を撮り、その画像を相手に無断でSNSにアップすることは、スマホが普及した今日、至る所で見かける光景です。無断撮影に気づかれ、「画像を消去しろ」「しない」と言い争いになったり、アップした画像を見た相手が、

「プライバシーの侵害だ！」と抗議してくるなど、トラブルになることも珍しくないでしょう。このような場合、法律は被写体の権利（肖像権、プライバシー権など）と撮影者の権利（表現の自由、通報の権利など）を比較し、どちらに分があるかを判断することになります。あなたの場合も、同じです。

あなたは、画像をSNSにアップし、二人の職場にも送りつけた場合、「夫と親友は私を裏切った。二人の不倫を公にして、告発する権利がある」と、言うでしょう。一方で、ご主人と親友は、「画像の公表はプライバシー権の侵害で、社会的評価を低下させたから名誉棄損だ！」などと反論すると思います。法律的にどちらが正しいか、どちらに非があるか、残念ながら、これだけの情報では決められません。

しかし、芸能人の不倫スキャンダルとは違い、ご主人と親友の不倫を公表することに公益性があるとも思えません。少なくとも、二人の職場への画像送信については、ご主人や親友の社会的評価を低下させたと認められる可能性が高いでしょう。

浮気現場の証拠写真は離婚調停や離婚裁判で有利な証拠となる

あなたが隠し撮りした目的は、夫に離婚を承諾させるための証拠集めのはずです。相手が学生時代からの親友ということで、そのショックが大きく、怒りがこみ上げてくるのもわかる気がします。しかし、感情の赴くまま、その画像をネット上にアップしたり、相手の職場に送りつけることは絶対に避けるべきです。

あなたは、裁判になっても離婚を勝ち取れる証拠を手にしたのですから、ご主人が離婚に応じなければ、家庭裁判所に離婚調停を起こしたらいいでしょう。なお、浮気の証拠（隠し撮りの画像）を握っていることは、まだ黙っていることです。調停の場でも、ご主人が浮気を否定するようなら、調停委員に証拠として、その画像を見せてください。調停委員を味方につける効果は絶大です。

離婚調停は家庭裁判所での話し合いですから、ご主人が離婚に応じなければ最終的には離婚訴訟を起こすしかありません。しかし、浮気の画像と調停委員にまで嘘をついた事実は、裁判でもあなたに有利に働くはずです。また、不倫相手の親友に慰謝料を請求する際にも、この画像は証拠として有効でしょう。怒りに任せて、ご主人の浮気をネット上にバラしても、一時的にスカッとするだけで何の得もありません。

撮ってはいけない18

夫の浮気現場の隠し撮りは、違法な手段を使わない限り、妻の権利です。しかし、その画像をむやみにＳＮＳにアップしてはいけません。

19

万引き犯の顔写真

コンビニで買い物してたら、万引きした客を見つけた。店員は気づかないし、僕も「万引き！」って叫べなくて……。でも、すぐにスマホで犯人の顔を撮ったんだ。店員に万引きのこと伝えたけど、犯人もう店から出てっちゃったし、「現行犯じゃないと、どうしようもないんだ」って、店員は諦め顔でさ。でも、「万引きは逃げ得」なんて、おかしいだろう。だから僕、その客の顔、SNSにアップしたんだよ。「この男、万引き犯です！」ってコメントつけて。盗ったところも見てるから、このぐらいしてもかまわないだろう……。

警察への通報は必要だけど、勝手に犯人扱いして公表するのは問題がある

あなたが、とっさに万引き犯の顔をスマホで撮ったのは立派です。ただ、その男の顔写真をSNSにアップし、犯人と名指ししたことは少々やりすぎといえます。現行犯で捕まえることができなかったにしても、できれば店員と一緒にその店を管轄する交番か警察署に出向いて、その画像を警察官に提出するべきでした。あなたは店員が

「現行犯じゃないから」と諦めたので、義憤にかられて画像を公表したのでしょうが、民間人であるあなたには捜査権も裁判権もありません。いくら犯行の一部始終を直近で見ていたとしても、その男を犯人と特定して公表する権限はないのです。それに、犯行の瞬間を撮ったわけではありませんよね。

犯行の一部始終を直近で見ていたあなたは、撮った男が万引き犯と確信しているのでしょう。しかし、あなたの証言以外、その男の有罪を立証できる客観的で合理的な物証は、この時点ではありません。刑事裁判の原則である「疑わしきは罰せず」とか、「推定無罪」という考え方に立てば、その男は罪に問われない（無罪になる）可能性が高いのです。また、男の犯行を裏づける確たる証拠があっても、「何人も、法律の定める手続によらなければ、その生命もしくは自由を奪われ、又はその他の刑罰を科せられない」（憲法31条）のですから、男の顔写真を「万引き犯」というコメントをつけて、あなたが一存でSNSにアップした行為は、一種の私刑であって、人権侵害あるいは名誉棄損に当たるという見方もできます。

警察に画像を提供すれば、警察は店の防犯カメラで犯人を特定する

たとえ犯人でも、その顔写真をネット上にアップすると人権侵害や名誉棄損になる

こともあると説明しても、納得できない人も多いでしょう。同じような問題はSNS以外で公表した場合にも起こります。スーパーやパチンコ店が、防犯カメラに映った万引き犯やゴト行為など出玉を不正操作する客の顔写真を店内や店外に本人に無断で貼り出し、警察が中止要請を出したというニュースを耳にしたことがありませんか。もちろん、悪いのは万引きした相手ですから、その顔をSNSにアップしても、店外や店内に貼り紙をしてもかまわないという意見もあります。未成年者の場合を除けば、犯人の顔写真公表が是か非かは、法律のプロの中でも意見が分かれるようです。

では、あなたはどうすればよかったのでしょう。店員が警察に行くのは面倒くさいと拒否したら、あなた一人でも出頭すればよかったのです。あなたが提出した画像で万引き犯の顔が特定できれば、警察はその情報を、その後の捜査に必ず役立てます。

万引きは現行犯でなければ摘発は難しいといいますが、警察はあなたの証言と画像を見て、万引きがあったとされるコンビニに問い合わせるはずです。通常、コンビニの店内には防犯カメラがありますから、これを見れば実際の犯行状況がわかります。カメラの死角などもあり、必ず犯行の瞬間が映っているとは限りませんが、万引き犯を特定することで、捜査は進展するはずです。

間違いだった場合、犯人扱いされた相手の損失は計り知れない

インターネットの怖さは、一旦情報がアップされると、内容の正誤とは無関係に、その情報が物凄いスピードで拡散し、伝播することです。その情報が誤りとわかっても、拡散した情報すべてをネット上から削除するのはまず不可能でしょう。

あなたが万引きの瞬間を見たのは事実でも、とっさのことで犯人を見間違うこともあります。犯人と名指しした男が万引きとは無関係だった場合、相手の受ける損失は計り知れません。疑いが晴れた相手から名誉棄損で訴えられることもあるでしょう。警察への通報であれば、治安維持の観点から、重大な過失や相手を貶める故意がなければ、通報者自身が罰せられることはありません。民事訴訟でも賠償責任を負わずに済むことが多いでしょう。ただし、万引き写真の公開は警察への通報とは違い、プライバシー保護の観点から賠償を命じられるケースもあると思います。

撮ってはいけない19

万引きを見つけ、犯人の顔写真を撮ったのなら、店の人と一緒に警察に届け出て、画像を提出してください。無断公表はお勧めできません。

COLUMN

ながらスマホ

1台で多くの作業ができるスマホは実に便利です。反面、四六時中スマホを離せない人も増え、車の運転中や、道路や駅のホームでの歩行者の「ながらスマホ」が大きな社会問題になっています。

★加害者にも被害者にもなりうる

最近、神戸市のJR三宮駅ホームで、歩きながらスマホを操作していた女性に男がわざとぶつかり、大ケガを負わせて逮捕された事件がニュースになりました。悪いのは男ですが、女性もながらスマホでなければ事故は避けられたでしょう。

運転中、スマホに気を取られて事故を起こし、刑事事件になったケースもあります。

愛知県春日井市で、「ポケモンGO」をしながら運転し、死亡事故を起こした会社員に禁錮2年6月の判決です。裁判所は、事故時にスマホを操作中とまでは認められないとしましたが、運転よりもスマホの方に気を取られており、単純な過失事故とはいえないと判示しています（名古屋地裁・平成29年5月11日判決）。

車の運転中や、路上や駅のホームを歩きながらのスマホでの撮影は、思っている以上に危険です。それだけでなく、被写体に無断で撮影をすれば、肖像権やプライバシー侵害の問題も生じることがあるのは言うまでもありません。

第2章 使ってはいけない

1 コピペ論文

就活中の大学4回生だけど、やっと1社から内定をもらいホッとした。けど今日、ゼミの指導教官に呼ばれてさ。「就職が決まったのはめでたいが、このままだと卒業は無理だぞ」と、先日提出した卒論を突っ返されたんだ。書き直しだよ。

『カジノ解禁に伴うギャンブル依存症抑制の法規制と対策の考察』ってテーマでさ。法律だけでなく心理学や医療関係の文献も集めて整理したから、いい出来だと思ったんだけどな。国内での合法カジノが現実味を帯びてきたから、教官も面白いってホメてくれたし。けど、「これはコピペ論文だ。こんな卒論は受け取れん！」だってさ。

たしかに、3割くらい文献や資料から引用してるけど、卒論なんてこんなもんじゃないのか。教官は、引用の量だけの問題じゃないって言うんだけど……。

他人の著作物の引用にはルールがある

自分の論文や著作に、他人の著作物を引いて用いることを「引用」といいます。最近では、この指導教官のようにネット用語の「コピペ（コピー・アンド・ペースト）」を使う人も多いようです。なお、他人の著作物を利用する場合は著作者の許可（許諾）が必要ですが、引用は例外で許可はいりません（著作権法32条1項）。

そのため、コピペは卒論だけでなく、学術論文、新聞記事など著作物全般で、よく利用されます。ただし、引用に当たっては、コピペ部分とそれ以外とを明確に区別しなければなりません。区別が曖昧なまま卒論や著作などを公表すると、盗作を疑われトラブルになることもあります。一時問題になったキュレーションサイトも、投稿者にコピペのルールをよく理解させないまま投稿を認めたことに一因があるでしょう。

あなたの場合も教官の言葉から推測すると、そのテーマや内容に問題があるのではなく、引用のルールを理解せずにコピペしてしまったのでしょう。

自分の創作部分とコピペの部分をハッキリ分けろ

卒論の時期になると、よく引用は卒論全体の2割までならいいとか、3分の1超えなければOKなどという噂が、まことしやかに学生の間に流れるそうです。しかし、問題は量だけではありません。他人の著作物を引用する場合には、次の要件すべてを満たさない限り、著作権法上の「引用」とは認められないのです。
・すでに公表されている著作物であること
・引用が、公正な慣行に合致すること（引用の必然性があること、引用部分が明確になっていることなど）
・報道、批評、研究その他の引用の目的上、正当な範囲内であること（引用の分量が必要最小限の範囲であること、引用部分と本人の著作部分との「主従関係」が明確であることなど）
・慣行がある場合には出所を明示すること
「引用」と認められない場合、無許可なら著作権の侵害です。あなたも、卒論で引用した部分が右の要件をクリアしているかどうか、チェックしてみてください。

コピペは上手に使えば卒論の評価がアップする

卒論に限らず、他人の著作物を引用した場合に、「どの部分が引用部分かわからない」「自分の主張や分析と引用部分の主従関係が不明確」というケースも多いのではないでしょうか。この場合は、引用部分をカッコでくくる、あるいは字体を変える（今はパソコンを使うので簡単）ことで、引用部分がどこか明確にできます。また、卒論はあなたの主張や分析が主役で、引用部分はその主張を導き出す脇役にすぎないのです。ただ、引用部分の分量は必要最小限とあるだけで、具体的に何割以下というような決まりはありません。しかし、学生は卒論の原稿量を増やそうと、得てして無駄な部分まで引用する場合が少なくないようです。不要な部分を原稿から削ぎ落としていけば、引用として認められる範囲内に収まると思います。

これらを踏まえて書き直せば、教官も今度は「コピペ卒論」とは言わないはずです。それどころか、コピペを上手に使えば、卒論の評価は必ずアップするでしょう。

なお、他人の著作物を利用する場合には、著作権者の許可をもらうのが原則です。しかし、私的使用目的の場合など、無許可で利用できる例外もあります。著作権法は、30条以下に「著作権が制限される場合」を例示しており、引用もその一つです。その具体的なケースと要件は、文化庁の『著作権テキスト（平成29年版）』に詳しく例示されていますので、それを参考にするといいでしょう。

使ってはいけない1

他人の著作物をコピペすることは何も悪いことではありません。きちんとルールを守って利用すれば、より良い作品を生み出せるでしょう。

2

ブログで本を紹介

大好きな絵本作家がいます。ただ、寡作なので、その名前と才能を知る人はあまり多くなく、とても残念です。私、最近ブログを始めたので、その作家と作品をブログで紹介しようと思い立ちました。買ってきたばかりの絵本の表紙と挿絵数点を写真に撮り、私なりの感想と解説をつけて、さっそくブログにアップしたんです。

反応は良く、ブログへのコメントもかなり多かったので、今第2弾を考えてます。でも、友だちの一人から「作家さんのOK取ったの？　絵本は著作物だから、無断でアップすると著作権侵害だよ」って、コメントが来ました。本当ですか……。

「引用」なら絵本作家の許可がなくても著作権の侵害にはならない

他人の著作物を無断でインターネット上に公開すると、著作権の侵害です。絵本は美術の著作物ですから、友だちが言うように、絵本作家の許可なく表紙や挿絵を撮影しブログにアップすると、著作権（複製権、公衆送信権）の侵害になります。もっとも、私的使用目的でのコピー（複製）のように無許可でも著作権の侵害にならないという例外（著作権の制限規定。著作権法30条以下）も多く、あなたのケースもこの例外に当たるのではないかと思えるのです。

あなたの場合、絵本と絵本作家を世間（不特定多数）の人に紹介する目的で絵本の表紙や挿絵を撮影し、ブログにアップしたのですから、私的使用目的とはいえませんが、著作権の制限規定の一つである「引用」に当たる可能性があります（同法32条1項）。ただし、引用と認められるには、①すでに公表されていること、②引用の必然性があり、引用部分が明確になっていること、③必要最小限の正当な範囲内での引用で、引用部分と自分の著作部分との「主従関係」が明確であること、④出所を明示してあること（慣行がある場合）の要件すべてをクリアしなければならないのです（詳しくは前項参照）。

引用部分は必要最小限で、紹介記事との主従関係を明確にする必要がある

右の①～④すべてをクリアしていれば「引用」と認められ、絵本作家の許可は不要です。あなたのケースで、具体的に見てみましょう。

まず、あなたの目的は、絵本と絵本作家の紹介ですから、表紙や挿絵をコピーしてブログに載せることは正当な範囲内の引用で、必然性もあります。次に、引用は表紙と挿絵だけですから、引用する部分は明確です。しかも、数点ということですから、引用した量は必要最小限でしょう。また、あなたは引用した写真に自分の感想と解説をつけたということですから、引用部分との主従関係もおそらくハッキリ区別できていると思います。②と③の要件はクリアです。

なお、撮影した絵本は売っていたのですから公表された著作物で、①もクリアしています。また、絵本作家の紹介というからには、絵本作家（著作者）の名前と絵本のタイトルも明記されているでしょう。要件④もクリアです。

あなたの場合、①～④すべてをクリアしていますから、著作権法の「引用」と認められます。よって、あなたが今回ブログにアップした絵本の表紙や挿絵については、絵本作家から許可（許諾）をもらっていなくても著作権の侵害にはなりません。

引用の要件を満たさずにトラブルになるケースもある

プロアマ問わず、自分の著作物に対する権利意識が年々高まっています。しかし、その一方でスマホなどを使えば、簡単に他人の著作物をコピーできますし、その画像をSNSにアップして拡散させることも可能です。私的使用目的や引用で他人の著作物を無許可で利用する場合には、あらかじめ決められた要件をクリアしているかどうか確認し、著作権者などとの無用なトラブルを生じないよう注意してください。

たとえば、「引用」では、必然性がないのに引用したり、必要のない箇所まで引用をしてしまう場合が少なくありません。また、引用の量はハッキリ「何割まで」という決まりはありませんが、半分以上が他人の著作物という場合はアウトでしょう。

なお、プロでも意外にクリアできないのが、引用部分と自分の著作部分（あなたの紹介記事）との明確な区別です。また、どちらが主体かわからない（主従関係がハッキリしない）ケースも少なくありません。他人の著作物を「引用」する場合には、紹介記事と引用部分を明確に区分し、また紹介記事の方が主体になるようにすることです。そのためにも、掲載した表紙や挿絵には必ずクレジットを入れ、あなたの著作部分とハッキリ区別してください。

使ってはいけない2

絵本や作家を紹介するための引用なら、SNSに表紙や挿絵を載せても著作権の侵害にはなりません。

3

SNSで写真集を紹介

僕イチ押しのタレントが初写真集を出した。デビュー以来のファンなので、すぐに近所の本屋を回って店に出てた十数冊を買い占めたんだ。でも、彼女のためにもっと何かできないかって考え、写真集をネットで紹介することにした。写真集の表紙と僕が気に入った1枚を撮って、SNSにアップすればコマーシャルになると思うんだ。買った写真集を撮影するんだし、使う写真は1枚だけだから問題ないだろ。写真以外には、彼女のプロフィールを載せようと思ってるけど……。

引用とは認められない可能性が高い

タレントの写真集やCD、ブルーレイが発売されると、あなたのように店に並んだ商品をすべて買い占めたり、その表紙やカバーをコピーしてSNSに無許可でアップして紹介するファンもいると思います。もちろん、ほとんどの人はタレントの応援をしているつもりでしょう。しかし、ネット上に無許可でコピーをアップすることは、著作権（複製権、公衆送信権）やパブリシティ権の侵害になる恐れがあるのです。ここでは、あなたが計画した写真集の場合を説明しましょう。

写真集は、あなたが買ったものです。その所有権は、あなたにあります。あなたは、自身の所有物である写真集を、バラバラにしようが、捨てようが、他人に売ろうが、自由です。また、あなたが自分で楽しむためだけに写真集をコピーしたり、撮影するのは私的使用目的ですから、著作権者（撮影したカメラマン。カメラマンから著作権の譲渡を受けたタレント事務所や出版社）の許可はいりません。撮った画像をスマホやパソコンに保存することもできます。しかし、SNSにアップするのは、写真集をより多くの人に知ってもらうためですから、これは私的使用目的とはいえません。

あなたが著作権者に無許可で写真集をSNSにアップできるのは、「引用」に当たる場合だけです。引用が認められた前項のケースと比べてみましょう。

SNSに無断掲載すると、著作権やパブリシティ権の侵害になる

「引用」が認められるのは、①その著作物がすでに公表されているもので、②引用の必然性があって引用部分が明確になっており、③必要最小限の正当な範囲内での引用で、引用部分と自分の著作部分との「主従関係」が明確になっている上に、④出所を

明示してある場合です。この①～④の要件すべてをクリアしなければ、引用とは認められません。①と④はクリアできます。また、②についても、写真集紹介が目的ですから一応必然性はあります。引用部分も表紙と気に入った写真1点と明確です。問題は③です。表紙と中の写真以外に、タレントのプロフィールをアップするようですが、これは単なる資料に過ぎません。自分の意見や解説をつけた絵本の紹介記事と違い、著作とはいえないのです。あなたの場合には明らかに引用部分が「主」で、③の要件を満たしてはいません。よって、引用とは認められないでしょう。

あなたが無許可でSNSに表紙などをアップすると、著作権だけでなく、タレントのパブリシティ権を侵害することになります。今回の投稿は思いとどまる方が無難です。アップすると、事務所などから削除や使用料の支払いを求められることもあります。ただし、どうしてもネット上で写真集を紹介し、そのタレントを応援したいのなら、タレント事務所や出版社に確認してみたらどうでしょう。

使ってはいけない3

タレントの写真集を無許可でSNSにアップすると、「引用」と認められない限り、著作権やパブリシティ権の侵害になることもあります。

4

写真の引用

温泉が大好きで、学生時代には全国の名湯や秘湯を旅していました。けど、社会人になった今は、仕事が忙しくて温泉どころではありません。唯一の楽しみは温泉地の観光協会のホームページを見ることです。ただ、どこも一様に「我が温泉が一番!」という自慢ばかりで……。まあ、ＰＲですから仕方がないですけど。

で、私なりの『温泉番付』を作って、ブログにアップしたんです。効能やアクセスの他、実際に入った温泉は感想なども入れましたが、写真は観光協会のホームページからも転載しています。ただ、キチンと出典も入れましたから、問題ないですよね。

写真の著作権はややこしい

あなたの『温泉番付』、フォロワーやアクセス数を増やすには、温泉の写真は欠かせません。もっとも、どんなに人里離れた秘湯でも、画像検索をかければ、写真は大概見つかります。地元の観光協会や宿泊施設、温泉施設のホームページやブログなどがヒットするはずで、自分で撮った写真がなければ、この中から探して転載すればいいでしょう。出典を明記したそうですから、著作部分との主従関係が明確であるなど他の要件（前項参照）をクリアすれば「引用」と認められます。

この場合、写真使用に許可は不要です。ただし、引用と認められない場合、改めて写真の著作権者から許可をもらわないと、その写真は利用できません。写真を無許可でブログに掲載し続けると、著作権法上は著作権の侵害になります。

ところで、あなたが出典（出所）として明記したのは、ホームページなどを運営する観光協会や施設の名前だと思います。ただ、観光協会や施設は写真をアップしているからといって、必ずしも著作権者とは限りません。その著作者は、観光協会などが著作権を譲り受けて著作権者になっていない限り、写真を撮ったカメラマンです。この場合、許可（許諾）をもらわなければいけない相手は観光協会などホームページの開設者ではなく、カメラマンです。画像検索サイトから写真を選ぶ場合、著作権者が誰かキチンと確認しておく必要があります。出典を間違えるとトラブルのもとです。

自分なりの番付を作るのは自由である

あなたは、自分が楽しむために『温泉番付』を作ったのであって、写真は自己使用目的だと言うかもしれません。しかし、ブログにアップした以上、不特定多数の人を対象にしたものです。著作権法30条1項の自己使用目的には当たりません。

写真を無許可で使うには、やはり引用と認められる必要があるでしょう。ただし、あなたの『温泉番付』が著作権の侵害に当たるとしても、それを理由に著作権者から訴えられたり、写真の削除を求められることは、稀だと思います。あなたのブログで写真付で温泉を紹介してもらえるメリットと天秤にかけたら、どちらが得か一目瞭然だからです。

なお、あなたの『温泉番付』は、事実上、あなたの独断で順位が決まります。他人の写真を無許可で使えるかどうかも大事ですが、番付で低位に選ばれた温泉地からのクレームの方が、あなたにとっては面倒で大変かもしれません。もっとも、誹謗中傷など悪意ある解説をしない限り、どんな採点をしても、あなたの自由です。

使ってはいけない4

温泉番付をSNSにアップするのは自由ですが、他人の画像を使う場合には必ず出典（出所）を明記することを忘れないでください。

5

著名人の発言

わが社では、会社のホームページに社長のあいさつをアップしています。毎回10分前後で、今回はテレビのコメンテーターも務める著名人の発言を引用していました。その方の講演で、「組織にとって最も大切なことは、自らの不祥事を記憶に残すことだ」という言葉に心を打たれたそうです。講演の要旨から、その言葉に関連する前後1分ほどの部分を、あいさつに織り込んだところ、当初、評判は上々でした。

ところが、同じ講演を聞いた著名人のファンという人が、「あいさつはパクリだ！」、「著作権侵害だ！」などとネット上に投稿したため、当社のホームページには批判のコメントが殺到し、炎上寸前です。しかし、社長は、著名人の言葉だと断って話していますし、そもそも当事者の著名人からは何も言われていません。問題ないですよね。

「引用」なら、講演者の許可は必要ない

結論からいえば、何の問題もありません。御社の社長が、あいさつに入れた著名人の言葉は、著作権が制限される「引用」と認められるからです。ファンのクレームは言いがかりなので、ホームページ上で、キチンと反論したらいいと思います。

その前に、あいさつが引用か、それとも著作権の侵害か、チェックしてみましょう。「引用」が認められるのは、①公表された著作物であること、②引用の必然性があり、引用部分が明確になっていること、③必要最小限の正当な範囲内の引用で、引用部分と自分の著作部分との「主従関係」が明確になっていること、④出所を明示してあること、の4要件をすべてクリアしている場合です(著作権法32条1項)。

御社の社長の場合、講演で話された内容で著名人の発言と断っていますから、①、②、④は問題ないでしょう。残った③ですが、使った量は時間にして1分ほどです。あいさつ全体からみればわずかで、この要件もクリアしているといえます。①〜④のすべてをクリアしていますから、「引用」と認められるでしょう。著作権者に無断で講演の一部を引用しホームページに載せても、著作権の侵害にはなりません。

著名人が何も言ってこないのは当然だと思います。下手に反論して、ホームページが炎上しても困ると思うかもしれませんが、ファンのクレームは明らかに間違っていますから、社長のあいさつは法律を遵守していることをキチンと説明すべきです。

ところで、講演は、小説や脚本、論文などと同じ「言語の著作物」です（著作権法10条1項1号）。印刷、録音されたものでなくても、またアドリブのものでも、思想や感情を創作的に表現したものであれば、言語の著作物として扱われます。

人の講演内容をパクると口述権の侵害になる

このケースで、社長のあいさつの大半が講演内容をそのまま流用した場合は、③がクリアできないので「引用」とは認められません。この場合には、著作権者（講演者など）に無断で講演内容を使用したのですから、著作権を侵害したことになります。あいさつは通常、不特定多数が対象なので、「口述権（言語の著作物を公衆に伝達する権利・同法24条）」の侵害です。また、あいさつをホームページにアップしたのですから、「公衆送信権（同法23条）」も侵害しています。

なお、ここでは詳しく触れませんが、他人の著作物を引用する場合、内容を無断で書き換えたり、都合の悪い部分を割愛する（改変という）と、著作者人格権（同一性保持権＝無断で改変されない権利・同法20条）の侵害になるので注意してください。

他人の言葉を引用する場合には、トラブルにならない注意をしよう

あいさつをする機会の多い会社経営者や政治家は、話の中に他人の言葉を織り込む人も少なくありません。経営者は実業家や財界人、政治家は明治の元勲や維新の志士など先達の言葉を入れることで話にメリハリをつけるのです。しかし、その言葉自体が「言語の著作物」として法律の保護を受ける場合は、著作者やその遺族などの著作権者から許可をもらわずに使うと著作権の侵害になることもあります。もちろん、「引用」が認められる場合は無許可でも使えます。ただ、その判断は意外に難しく、「引用」のつもりでも相手が認めないと、トラブルになることもあるのです。

京都大学総長が、平成29年の入学式の式辞でボブ・ディランの歌詞を引用し、その式辞を京大がホームページに掲載したところ、楽曲の管理団体から「歌詞の使用料が必要になる可能性」を伝えられたというニュースはまだ記憶に新しいところでしょう(後日、引用と確認された)。御社のように、社長のあいさつをホームページにアップする場合、他人の講演や著述などの引用には注意が必要です。

使ってはいけない5

公の場やネット上であいさつする場合、有名人の講演やスピーチを一部でも無断で使うと、著作権の侵害になることがあります。

6

雑誌記事のコピー

新製品の企画案がまとまり、上司のOKも出ました。後は、社内会議のプレゼンでGOサインをもらえるかどうかです。その会議を明日に控え、上司から「比較資料に使うから、他社の新製品の写真や紹介記事、出席者全員分コピーしとけよ」と、指示されました。他社製品の写真や性能資料はライバル社のホームページからコピーするにしても、雑誌の紹介記事はバックナンバーから探すしかありません。会社の資料室で過去1年分の雑誌をチェックして、紹介記事もいくつか見つけ出しました。

ところが、雑誌の該当ページを人数分コピーしていると、資料室の室長から「雑誌社の了解取ったのか。無許可で大量コピーすると、著作権の侵害だぞ」と言われたんです。社内会議で使うだけなのに、雑誌社の許可が必要ですか。

会議など仕事で使うためなら私的使用にはならない

どこの会社でも、ネット上の写真やデータ、新聞や雑誌の記事をコピーし、会議や打合せの資料として使っています。その写真や記事のほとんどは著作物ですが、一々著作権者の許可をもらっている会社はまずないでしょう。しかし、無許可で著作物をコピーすると、室長の言葉通り、著作権（複製権）の侵害になります。

こう言うと、「写真や記事は社内の会議や打合せの資料として使うだけで、その写真を売ったりネット上にアップするわけじゃない。個人的に使う場合は無許可でコピーできるはずだぞ」と、反論する人は少なくありません。

たしかに、私的使用目的でコピー（複製）する場合は、著作権者の許可（許諾）を必要としません（著作権法30条1項）。社内で資料として使う場合は、売買など営利行為をするわけではないので、私的使用だと思っている人も多いでしょう。しかし、この判断は明らかに間違っています。条文は、無許可での複製が認められる私的使用について、「個人的に又は家庭内その他これに準ずる限られた範囲内において使用すること」と明示していて、会社や仕事で利用する場合には適用されません。

あなたの場合、会社の会議で使うためですから、他社のホームページにしろ、雑誌にしろ、無断で写真や記事をコピーすると、著作権の侵害になります。なお、出席者全員の分をコピーするそうですが、そもそも同じものを何枚もコピーする大量コピーは私的使用とは認められません。あなたの会社は本来、事前に写真や記事の著作権者からコピーの許可を受けなければいけなかったのです。

取引を始める検討材料としてのコピーなら無許可でもOK

あなたの会社のように、他人の著作物をビジネスで使う場合、私的使用とは違い、著作権者の許可が必要だと説明しました。ただし、例外はあります。たとえば、人気キャラクターを自社製品のイメージキャラクターに使いたいというような場合です。この場合には、会議などでの検討資料として、そのキャラクターの写真などを無許可でコピーすることは認められています（検討過程での利用。同法30条の3）。

もっとも、あなたの会社は、同業他社との製品比較のために写真などをコピーしたにすぎませんから、この例外規定は適用されません。現実問題として、無断コピーが原因で、あなたの会社が著作権侵害で告訴されたり、損害賠償請求訴訟を起こされることは稀でしょう。しかし、機密保持など正当な理由がない限り、他人の著作物をコピーする場合には、著作権者に許可をもらっておくことをお勧めします。

なお、1件ごとに許可をもらってもいいのですが、仕事の性格上、頻繁に新聞記事や雑誌記事を大量コピーする会社は、個別に新聞社や雑誌社と交渉するのではなく、たとえば新聞社などから複写の管理委託を受けた「公益社団法人日本複製権センター

（☎03-3401-2382）」と包括許諾契約を結ぶ方法もあります。

著作権侵害で訴えられないのは、たまたま「運がいい」だけ

あなたの会社に限らず、他社のホームページの写真や雑誌記事を無断でコピーし、会議の資料などとして使うことは日常的に行われています。おそらく、著作権侵害という認識も、また罪の意識も、大半の人は持っていないでしょう。しかし、法律上は違法です。著作権者は、あなたの会社を著作権侵害で警察や検察に告訴することも、また無断コピーで被った損害があれば、損害賠償金を請求することもできるのです。訴えられないのはたまたま「運がいい」だけということは覚えておいてください。

なお、アメリカの離脱で、現状締結が頓挫しているTPP交渉がまとまると、これまで親告罪だった著作権侵害事件は、警察や検察の判断で、被害者の告訴がなくても捜査、起訴ができるようになります（平成28年12月16日公布・TPP関連法）。

使ってはいけない6

他社のホームページの写真や雑誌の紹介記事を社内会議などで使う目的でコピーする場合、著作権者の許可がないと著作権の侵害です。

7

写真の無断コピー

僕、大学1年生。人気急上昇中の女性タレントグループのファンクラブに入ったんだ。ライブの先行販売とか、CDやブルーレイ、グッズなんかも一般より早く買える特典があるからね。それに、公式ホームページだって、会員だけが見れるコンテンツもあるし。アクセスしたら、グループの中で一番気に入ってる子の超可愛いスナップが載ってたから、即コピーしてスマホの待ち受けにしたよ。

けど、その待ち受け画面、一緒に入会した法学部の友だちに見せたら、「無断コピーはヤバいぞ。会員規約に、ファンクラブの会報、メール、その他著作物の無断複製、転載、再配信を禁じますってあったから、バレたら退会させられる」って言うんだ。

自分一人で楽しむだけでも、無許可でコピーすると退会かな……。

個人的に楽しむためだけなら許可はいらない

皆さんの中にも、タレントやアーティスト、プロ野球やJリーグのファンクラブに入っている人は多いでしょう。しかし、先行販売や限定グッズなど会員向けの特典は気になっても、会員規約を最後まで読むという人はあまりいません。この規約には、会員が守らなければいけない義務も書かれていますから、今からでも一度は読むことをお勧めします。ファンクラブのホームページを見れば掲載されているはずです。

ところで、タレントの公式ホームページに公開された写真やコメント、エッセイなどは著作物ですが、個人的に楽しむためだけ（私的使用目的）なら、無許可でもコピーできます（著作権法30条1項）。コピーした画像をパソコンやスマホに保存したり、その画像を印刷することも、私的使用の範囲内なら自由です。もっとも、その画像をSNSにアップするなど再配信すると、著作権（公衆送信権）の侵害になります。

あなたの場合も私的使用目的ですから、無許可でコピーしても著作権法上の問題は生じません。ただし、ファンクラブの会員規約との関係で注意が必要です。

会員規約を破るとファンクラブを退会させられることもある

タレントの公式ホームページは、一般的にファンクラブの会員でなくてもアクセスできます。その画面上には「複製禁止」「転載禁止」「無断使用禁止」など注意書きが表示されているのが普通です。しかし、一般のフォロワーが、私的使用目的でホームページ上のタレントの写真を無断コピーしても、著作権（複製権）の侵害には問われません。コピーした画像を無断でＳＮＳにアップしたり、コピーガードを破って複製したような場合を除けば、タレント側からクレームがつく心配もないのです。

ただし、ファンクラブの会員の場合は、その会員規約を承諾して入会しています。会員は、先行販売やファンクラブ感謝デーへの招待など、一般ファンよりタレントやその情報にいち早く近づける特典がある反面、規約の条項を守る義務もあるのです。法学部の友だちが言うように、「無断複製禁止」の条文があるなら、あなたがタレントの写真を無断でコピーし、スマホの待ち受けに使っている行為は、規約（契約）違反に当たります。タレント側から退会を命じられても仕方ありません。

もっとも、会員規約にこのような禁止事項を設けてあるのは、ファンクラブの会員には、ＣＤのリリース予定やテレビ番組への出演予定などのオフィシャルなものから、タレントのプライベートまで、解禁前の様々な情報を流しているからです。中には、外部に漏れると、その後のタレント活動やプロデュースに支障が出るものもあるため、会員に対する締めつけが厳しくなっているのでしょう。

あなたの場合、無断複製禁止の規約を無視して、タレントの写真を無許可でコピーしてしまったのは事実です。しかし、いくら会員しかアクセスできないコンテンツの中の写真でも、その写真が露出したからといって、タレント側に大きな損害が生じるとも思えません。ＳＮＳにアップするようなマネさえしなければ、退会になるようなことはないでしょう。

無断複製禁止の会員規約がある場合は念のため確認を

会員規約を読んだ方がいいと言うのは、禁止事項など会員として守らなければいけないルールを知らないと、思わぬトラブルに巻き込まれ、時には退会処分などのペナルティーを受けることがあるからです。

なお、ファンクラブには質問窓口などが設けられています。禁止規約があっても、写真をコピーしていいか確認すればいいのです。あなたが自分で楽しむためだけなら、ＯＫが出ることも多いと思います。問題は、無断でコピーすることなのです。

使ってはいけない7

ファンクラブの会員はライブやＣＤの先行販売など特典も多いが、無断複製禁止などのルールを守る義務もあります。

8

SNSで見つけた写真

SNSで可愛いペットの写真を見つけました。先日、久しぶりに帰郷した時、仲のいい友人に世話になったので、この写真をコピーしてポストカードを作り、彼女たちへの礼状に使うつもりです。個人的に使うだけだから、無許可でコピーしてもかまいませんよね。

ペットの写真はSNSにアップした本人が撮ったものだそうです。

私的使用目的ならネット上の写真の無断コピーも許される

スマホやネットの普及で、誰でも簡単に身近な被写体のスナップを撮り、SNSにアップすることができます。中にはプロ顔負けの作品もあり、その手の写真は断りもなくコピーされ、営利目的で使われることも珍しくないようです。しかも、転載などに気づいた撮影者がクレームをつけると、「ネット上に公開された写真は自由に使ってもいい」とか、「家族やペット、日常風景を撮ったスナップには著作権はない」などとうそぶく悪質な利用者が今でもいると聞きます。本当なら、呆れた話です。

私たちが、子どもやペットなど身近な被写体を撮影したスナップでも、「思想または感情」を「創作的」に「表現したもの」であれば、「写真の著作物」になります（著作権法2条1項1号）。素人が撮った「何気ない日常風景や家族写真のスナップでも著作物になりうる」とした裁判所の判断もあります（知財高裁・平成19年5月31日判決）。

いわゆる素人写真でも、コピー（複製）や転載する場合には撮影者の許可（許諾）が必要です。また、ネット上にアップした写真も同様で、無断でコピーすれば著作権（複製権・著作権法21条）の侵害になります。ただし、個人的に楽しむためだけなど私的使用目的でコピーする場合には、許可はいりません（同法30条1項）。

あなたは、友人に出すポストカードを作るために、SNSで見つけたペットの写真をコピーするそうですが、三、四人分であれば私的使用目的といえるでしょう。

大量にコピーしなければ私的使用と認められる

あなたの場合、SNSの写真を使ったポストカードを仲のいい三、四人の友人の分だけ作るのであれば、無断でコピーしても何の問題もありません。しかし、あなたがこの写真を使ったポストカードを大量に作るのであれば、これは私的使用目的とは認められません。この場合は撮影者（著作権者）の許可が必要で、無断でコピーすると著作権の侵害です。もっとも、何枚以上が「大量」という明確な決まりがあるわけではありません。ただ、他の機会にも利用しようというのであれば、撮影者の許可をもらっておくことです。

許可は不要でも「コピーしました」とSNSに一言コメントを入れよう

あなたのように他人の撮った写真をコピーする場合、私的使用であれば相手の許可は不要です。しかし、ＳＮＳにはコメント欄があり、自由に書き込みができるのですから、写真を使う場合には、「可愛いペットなので、友人に出すハガキにコピーさせてもらいました」などと、一言コメントを入れるといいでしょう。

法律的にどうこうというより、これはマナーの問題です。なお、ハガキの片隅に、撮影者やペットの名前（出所）を入れることも忘れないでください。

> **使ってはいけない８**
>
> 私的使用の範囲内なら撮影者に無断でＳＮＳの写真をコピーしても著作権の侵害にはなりません。ただ、コメント欄で一言断るのがマナーです。

9

バスの中で映画を上映

恵まれない子どもの施設や老人ホームなどを回り、ボランティアで朗読会や寸劇、映写会などの活動を続けているNPO法人です。その活動資金作りとPRのため年に何回か、活動拠点を置く街に住む親子を対象に、格安の日帰りバスツアーを主催しています。キャンプ場や河川敷で、バーベキューやアウトドアスポーツなどをたっぷり楽しんでもらう企画で、参加者の評判もまずまずです。大型二種免許のあるスタッフがいるのでバスはレンタルすれば済み、バス会社を使わない分、かなり経費が抑えられます。そのため料金を格安にしても、それなりに利益が出せるのです。

行き帰りのバスの中でも、歌を歌ったり、ゲームをしたり、子どもたちが飽きない工夫をしていますが、今回は人気のアニメ映画のブルーレイを購入し、見せました。映画はボランティア活動でも上映する予定のもので、もちろん無料です。子どもたちは大喜びでしたが、参加した親の一人から、「映画会社の許可を取ってないと著作権の侵害になるよ」と忠告されました。本当でしょうか。

私たちはボランティア団体です。これまでにも何度も映写会を開いてきましたが、著作権の侵害と言われたことは一度もありませんが……。

ボランティアとしての上映なら無許可でも上映ができる

著作権に詳しい親御さんが参加していて良かったですね。忠告通り、今回の無許可上映は著作権（上映権）の侵害になります。バスでの上映は初めてだったようですが、このまま続けると、いずれ著作権管理事業者からクレームがついたかもしれません。自分たちはボランティア団体だから、映画会社など著作権者の許可なしでも、また著作権料など使用料を払わなくても、法律上、映画を上映してもかまわないはずだと思っていたのではないでしょうか。実は、ここに誤解があったのです。

映画は著作物ですから、たとえ市販の映画のブルーレイやＤＶＤを買った場合でも、その購入者が無断でコピー（複製）したり、上映したり、頒布する（コピーしたブルーレイやＤＶＤを広く配ること）と、著作権（同法21条＝複製権、22条の２＝上映権、26条＝頒布権）の侵害になります。

もちろん、私的使用目的のコピーや図書館での無料上映会などは著作権法の例外として、一定の条件を満たせば、映画会社など著作権者の許可（許諾）はいりません。

この例外規定は、ボランティア活動の上映会にも適用されます（同法38条1項）。

「ほらみろ。私たちボランティア団体は無許可で映画上映してもいいんじゃないか」と、バスツアーを主催したＮＰＯ法人は反論するでしょう。でも、待ってください。ボランティア団体が行う上映会すべてが、著作権法の例外に当たるわけではないのです。著作権法が、ボランティアによる無許可上映として認めているのは、次の５つの要件すべてをクリアした場合に限られます。

①すでに公表されている映画であること
②営利を目的としていないこと（販促用の宣伝目的だったり、顧客サービスの一環として上映する場合は適用対象外）
③観客から料金を受け取らないこと（無料）
④出演者などに報酬を払わないこと（司会者やスタッフへの適切な交通費や弁当代は報酬にはならない）
⑤映画の出所を明示すること（通常、映画会社やプロデューサー、監督名など映画の出所がわかるクレジットは作品のエンドロールなどに入っている）

ボランティア団体による無許可上映でも、著作権の侵害になる場合があるとわかりましたか。その理由を説明する前に、観光バスが利用客へのサービスとして、無料でブルーレイなどをバスで見せた場合の著作権についても検討してみましょう。

観光バス会社の主催ツアーでは無許可上映は著作権の侵害になる

映画やドラマのブルーレイやＤＶＤを再生する行為は、著作物の「上映」に当たります（同法２条１項17号）。映画会社やテレビ局、ドラマの制作会社など著作権者の許可（許諾）がない無断上映は著作権（上映権）の侵害です。もちろん、ブルーレイを会社名義で買ったら、許可がないと再生できないという意味ではありません。仕事目的以外、たとえば社員が休憩時間に個人的に見たり、会社の食堂などで従業員だけで見ることは自由です。無許可で見ても著作権の侵害に問われることはありません。

ただし、観光バス会社が購入したブルーレイを、バスの利用客へのサービスとして観光バスで上映する場合、無許可だと著作権の侵害になります。客から料金を取っているわけではないので、ボランティア活動の上映会と同様、著作権者の許可を必要としない「営利を目的とはしない上映」に該当するようにも思えますが、観光バスの運行は営利事業なので、これには当たりません。観光バスでブルーレイを再生する（上映する）場合、映画会社など著作権者から許可を取ってから上映してください。無断上映を続けると、著作権管理事業者から上映差止めと損害賠償を要求される恐れがあります。

ボランティアでも営利目的の上映は無許可ではできない

ＮＰＯ法人はボランティア団体でも、格安ツアーは資金集めとＰＲが目的で、営利事業です。そこで、「非営利目的の上映」と認められる要件の②がクリアできません。バスでの無断上映は観光バス会社同様、著作権の侵害になります。次回以降もアニメを上映するつもりなら、映画会社など著作権者から上映の許可をもらってください。

もっとも、上映目的は子どもを飽きさせないためのようです。市販のアニメ映画でなくてもよいのではないでしょうか。たとえば、ＮＰＯ法人には活動記録として過去のツアーの模様を撮った動画があるはずです。これを上映すれば著作権の問題は生じません。ただ、映っている参加者には肖像権がありますので、その了解は取る必要があります。

使ってはいけない９

ボランティア活動の上映会は無許可でできますが、ボランティア団体が資金稼ぎで行う上映会は無料でも許可がないと著作権の侵害になります。

10

友だちにもらった写真

旅友だった会社の同僚から、私が寿退社する直前に彼女と行った温泉旅行の写真がメールで送られてきた。朝焼けのアルプスをバックにした露天風呂での写真、温泉街の射的屋で銃を構えた浴衣姿の一コマ、そして豪勢な料理とベロベロ顔の写真など、いずれもアングルやズームの仕方に彼女のこだわりがよく出ている。

メールには「相変わらず、休みはカメラ抱えて旅三昧よ。あんたが結婚したんで、一人旅だけどね。ファイナル旅行の写真、出てきたから送るわ」と、書かれていた。

私、うれしくて、この3枚の写真をSNSにアップしたの。泥酔の写真は少し修整して。そしたら翌日、彼女から猛烈な抗議のメールが届いた。未発表の写真を勝手にアップしたこと、そして修整したことを怒ってて、「著作権侵害だから、すぐ削除して」だって。削除しないと、法的措置取るって脅し文句まで入ってる。自分が写ってる写真でも、勝手にアップしちゃいけないの……。

素人写真でも著作権はある

「素人が撮った何気ない日常風景や家族写真のスナップでも著作物に当たる」とする裁判例があり、旅友の写真が「著作物」であれば、あなたのしたことは著作権の侵害です。では、どんな写真でも著作物になるのでしょうか。

著作権の対象になる「著作物」について、法律は「思想または感情を創作的に表現したもの」であって、「文芸、学術、美術または音楽の範囲」に属するものと定義しています（著作権法2条1項1号）。写真は「美術」の範囲に属しますが、さらに「写真の著作物」として例示されています（同法10条1項1号）。ただ、「思想または感情を創作的に表現した写真は著作物になる」と言われても、正直ピンとこないですよね。

一般的には、撮影者が、写真の構図やアングル、被写体の配置、露出、シャッタースピード、使用レンズ、陰影のつけ方などを工夫して撮影された写真は、著作物だと認められるようです。あなたの旅友も、アングルやレンズを工夫しながら撮っているようですから、送られてきた写真も著作権法でいう著作物に当たると思います。

たとえば、ピントが合ってない、何も写っていない、動物や乗り物を撮ろうとしたが被写体が一部しか入っていないなど、明らかに失敗した写真は著作物に当たらないかもしれません。しかし、スマホやSNSの普及で、誰もが簡単に写真が撮れ、ネット上に作品を発表できる今日、他人の撮った写真には著作権があると考えた方が無難です。たとえば、ネット上にアップされた他人の写真が気に入り、コピーした場合、スマホやパソコンに保存して自分だけで見て楽しむだけなら私的使用で問題ありませんが、その写真を無断で再配信すると、著作権の侵害になります。

写真を公表するかどうかは、撮影者が決める

あなたは自分が写っている写真だから、SNSにアップするかどうかは自分の勝手だと考えているようですね。しかし、写真を公表するかどうかを決める権利は、その写真を撮った人（著作者）にあります。この場合には、あなたの旅友です。そして著作者には、「著作権（著作財産権）」と「著作者人格権」という権利があります。

私的使用のコピーや引用などは財産権の問題です。財産権には、複製権、口述権、公衆送信権などがありますが、いずれも著作物を使用するには著作者の許可が必要なので、許諾権とも言います。

あなたの旅友が「著作権を侵害された」と怒っているのは、財産権ではなく、著作者人格権です。これは著作者のみに帰属する一身専属権で、財産権のように譲り渡す

写っている人ではなく、
撮った人が著作者

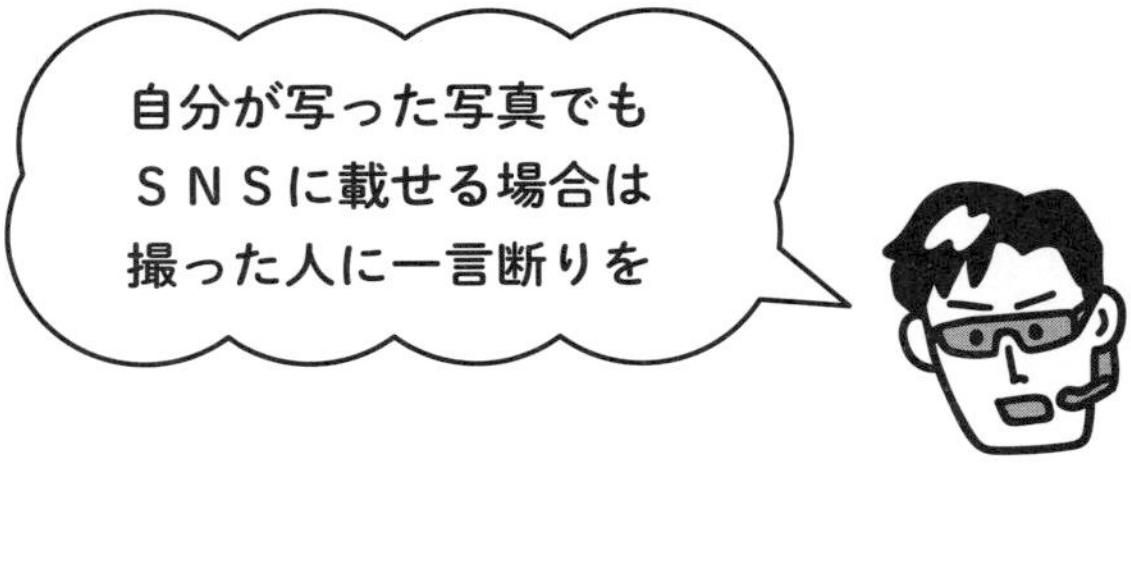
自分が写った写真でも
ＳＮＳに載せる場合は
撮った人に一言断りを

ことはできません。なお、著作者人格権には、次の3つがあります。

・公表権……未発表の著作物を公表するかどうかを決められる権利です。他人は本人の許可なく、無断で公表することはできません（同法18条）。

・氏名表示権……著作物を公表する際、著作者名を載せるか、また載せる場合に実名ではなくペンネームなど変名にするかを決められる権利です。著作者は、自分の氏名を載せずに著作物を利用している相手には、氏名の表示を求めることができます（同法19条）。

・同一性保持権……著作物を無断で改変されない権利です。著作者は自分の意に反して、著作物の内容や題名を変えられたり、縮められたり（切除）することはありません（同法20条）。

あなたは、自分が写っている写真だからSNSにアップしてもいいだろうと思ったのでしょう。しかし、受け取った写真は未発表のものですから、撮影者の旅友に無断でアップした行為は、旅友の公表権を侵害しています。

撮った人の許可なく写真を加工修整すると著作者人格権の侵害になる

あなたが写真をSNSにアップする前に、彼女に写真の礼と投稿することを伝えていれば、こんなトラブルは起きなかったでしょう。なお、泥酔写真の修整は著作物の改変で、同一性保持権の侵害です。言い訳などせず、彼女に謝罪してください。

この二人の間で起きたトラブルは他人事ではありません。メールなどで写真や動画をやり取りするのが当たり前の今日、親しい友人同士でも、受け取った写真を勝手にＳＮＳにアップしたり、コピーして第三者に渡すようなマネはしないことです。このぐらいなら一々許可をもらわなくても大丈夫だろうと自分の思い込みで判断せず、必ず相手に断ってから、もらった写真や動画を利用してください。

使ってはいけない10

素人写真でも創作性があるものは「写真の著作物」です。撮影者に無断で、写真を公表したり、加工修整すると著作権の侵害になります。

11

ハロウィンの仮装

上京して半年。憧れていたハロウィンです。人気アニメのキャラクターのコスプレで、メイクもバッチリ決め、女友だちと渋谷に行きました。駅前とセンター街の間の交差点は、人、人、人、また人で、私と同じアニメキャラだらけ。もう楽しくて。

スマホで自撮りしてSNSにアップしたら、本物そっくりだってコメントいっぱい来て大盛り上がり。コスプレの衣装、友だちはバイト代はたいて買ったけど、私徹夜して縫い上げたから、ホメてもらうと超うれしい！

けど、中には「アニメキャラの衣装、勝手に作ると著作権侵害」ってコメントも。私以外にも自作の衣装や着ぐるみの人いるけど、どうしてるんだろ……。

アニメキャラそっくりだと著作権の侵害になる

あなた同様、ほとんどの人は無許可でしょう。コスプレの写真も、無断でSNSにアップしている人が多いはずです。でも、著作権侵害で捕まったとか、訴えられたという話は聞きませんよね。あなたもコメントなど気にせず、コスプレを楽しめばいいでしょう。ただ、アニメのキャラクターを真似た衣装を無許可で作ったり、その写真を無断でネット上に投稿すると、場合によっては著作権の侵害になるということは覚えておいてください。

アニメのキャラクターは、映画の著作物です（著作権法10条1項7号）。著作権は通常、映画の制作者（映画会社など）にあります（原作がある場合は原作者も同等の権利がある）。彼らには、アニメキャラを無断でコピー（複製という）されたり、勝手に変えられない（翻案という）権利があるのです。

あなたが作った衣装は人気アニメキャラそっくりだそうですが、無許可ですから、複製権（同法21条）および翻案権（同法27条）の侵害で、コスプレ写真をＳＮＳにアップしたのは公衆送信権（同法23条）の侵害に当たるというのが、コメント投稿者の考えでしょう。間違ってはいませんが、あまりにも杓子定規すぎます。

個人的に楽しむためなら実際に訴えられることはない

あなたの場合、コスプレを個人的に楽しむために衣装を作ったのですから、それを着てハロウィンに出かけるだけなら私的使用の範囲内です。無許可でも、問題はないでしょう。問題は、その衣装を着たコスプレの写真をSNSにアップしたことです。厳密に言えば、公衆送信権を侵害している疑いはあります。しかし、無断掲載により著作権者側に損害が生じたとも思えません（アニメのPRになって利益が出る可能性の方が高いでしょう）。違法性も小さく、著作権者があなたのSNSを見たとしても、訴えられる心配はまずないでしょう。

ただし、その衣装を他人に売ったり、注文を受けて作ったりすると、著作権者から訴えられる可能性大です（販売禁止や廃棄を求められる）。なお、あなたが作った衣装はアニメキャラを真似ただけのようなので創作性はなく、著作物とはいえません。

ところで、あなたの友だちは衣装を買ったそうですが、その衣装が著作権者の許可（許諾）がない違法なものだと知っている場合でも、友だちは著作権侵害に問われることはありません。その衣装を着て、ハロウィンを自由に楽しめるのです。

使ってはいけない11

ハロウィンで個人的に楽しむだけなら、無許可で作ったアニメキャラの衣装でコスプレをし、その写真をSNSに載せても問題はないでしょう。

12

著作権フリー？

ネット上で、たまたま見つけた風景写真を会社の営業用パンフレットに使ったら、トラブルになりました。個人のSNSの写真ですが、考えていたイメージにピッタリでしたし、「複製禁止」「転載禁止」などの文言や©マークもなかったからです。当社では、その写真が「著作権フリー」だと思って使ったのですが、パンフを配り始めると、写真の撮影者から「無断使用で著作権の侵害だ」とクレームが来ました。

相手は、パンフレットの回収と、損害賠償として法外な使用料を払えと要求しています。要求に応じないと、著作権侵害で訴えるというのですが……。

©マークや「複製禁止」の表示がなくても著作権フリーとは限らない

あなたの会社の明らかなチェックミスです。使った写真に、「複製禁止」「転載禁止」などの文言や©マークがないからといって、著作権フリー（無許可で自由に使える）で自由に使えるというわけではありません。写真に限らず、他人の著作物を利用する場合には、原則として著作権者の許可をもらう必要があります。ただし、次の①～④の場合には許可は不要です（無許可で利用できるということ）。

①著作者が、「他人が自由に使ってもいい」と著作物に表示している場合

②私的使用目的、引用など、例外的に著作権が制限される場合

③著作権法の保護対象にならない著作物の場合（法令、自治体の通達、判決など）

④保護期間が過ぎている場合（例…写真・小説は死後50年。映画は公表後70年）

一般的に、著作権フリーとは①の場合を指しますが、著作権者が、「複写自由」とか、「著作権フリー」など明確な意思表示をしていなければ、著作権フリーとは認められません。また、著作権者は、「非営利事業に限る」「非営利目的に限る」など条件付きで利用を認める場合もあります。著作権フリーの著作物を利用する場合は、その利用条件を事前によくチェックすることです。

なお、著作権フリーの表示の仕方は、その旨を示す文言（ライセンス）を記載する他、文化庁の自由利用マーク（次頁上図参照）や国際的非営利組織クリエイティブ・コモンズ・ライセンスのマークを使う方法もあります。

②は、著作権法30条以下に、「著作権の制限」として具体的に例示されています。他人の著作物の利用の目的が、私的使用、引用など、例示されたケースと認められる

コピーOK

★プリントアウト、コピー、無料配布のみを認めるＯＫマーク（自由利用マーク）です。無料配布する場合、写真は会社のパンフレットでも自由に使えます。
（出典「文化庁・著作権テキスト平成29年版」）

と、無許可で使えるのです。ただし、一定の条件を満たさなければ認められません。

他人の著作物を利用する場合には、著作権者などの許可を得るのが原則ですが、例外的に右の①～④に当たる場合には無許可で利用できます。言い換えれば、この①～④以外で他人の著作物を無断利用すると、著作権の侵害ということです。

著作権フリーの表示がなければ原則無許可では使えない

「著作権フリー」を意思表示した文言やマークはなかったのですから、あなたの会社の言い分は単なる言い訳にすぎません。また、写真を使ったのは営業用のパンフですから、私的使用ともいえません。よって①～④のいずれにも当たりません。あなたの会社は、無許可では使えない他人の写真を勝手に使ってしまったということです。

あなたの会社としては、撮影者に無断使用を謝罪し、相応の使用料を払うことなどを条件に示談を申し入れたらいいでしょう。その上で、改めて写真の使用を許可してくれるよう頼むことです。このようなトラブルが起きた場合、最悪でもパンフレットの回収をしなくて済むような解決法を探してください。裁判は最後の手段です。

私たちは、よく「著作権フリー」という言葉を使います。無料で使える他人の写真やイラストが必要なら、画像検索ソフトなどで著作権フリーのサイトを探せば、簡単に見つかるでしょう。しかし、一口に「著作権フリー」とはいっても、まったくの無条件で自由に利用することができるとは限りません。たとえば、「非営利目的に限る」などと、その利用に一定の条件が付くことも珍しくないのです。また、著作権フリーでも、著作者の氏名を勝手に変えたり、著作物の内容を改変する（トリミングなども含む）ことは、通常認められません。著作者人格権（氏名表示権、同一性保持権）を侵害したことになります。

使ってはいけない12

「著作権フリー」でも、営利目的や改変は禁止などと様々な条件が付いていることもあります。キチンとチェックしないと、トラブルの元です。

13

ウェブ地図を印刷

不動産業者ですが、お客に物件の場所を教えるため、サービスで住宅地図のコピーを渡しています。最近では、印刷地図ではなくウェブ地図なので、道路の位置や家屋の配置や名義は最新のものです。ただ、パソコンで出力できるのは1枚だけなので、客には印字した住宅地図をコピー機で複写して渡します。ウェブ地図の会社から許可はもらっていませんが、客へのサービスだから問題ないですよね。

なお、このウェブ地図は会社の備品を扱う仕入業者を通じて購入したものですが、その業者が社員分、ソフトをコピーしてくれると言います。外回りの社員がカーナビ代わりに使えますし、サービスだというので頼もうと思いますが……。

客へのサービスでも無断コピーは著作権の侵害で、契約違反にもなる

アパートやマンションなど物件探しの客に、不動産屋が紹介物件付近の住宅地図をコピーして渡すのは、よく見かける光景です。客への当たり前のサービスとして地図

（複製品）を渡しているのでしょう。しかし、不動産屋が客にコピーした地図を渡す行為は販促上のサービスで、ビジネス行為の一環です。言うまでもなく私的使用ではありません。客に地図のコピーを渡したければ、不動産屋は本来、地図製作配信会社など著作権者に許可（許諾）をもらう必要があります。無断コピーは、著作権（複製権）の侵害です。

最近では、あなたの会社のようにウェブ地図を使っているところも増えましたが、無断コピーが著作権の侵害になることは、従来の地図帳様式の住宅地図でも、ウェブ地図でも変わりません。もっとも、ウェブ地図の場合には、あなたの会社はその配信会社など著作権者と使用許諾契約を結んでいるはずです（書面またはサインインなど）。その中に、無断コピーの禁止など使用上の禁止条項も入っていますので、無断コピーが違法で契約違反になるとは知らなかったという言い訳は通用しません。

客のスマホを上手に利用すれば無断コピーした地図を渡す必要はなくなる

あなたの会社が住宅地図を継続的に無断コピーしていることは、著作権法上の違法行為に当たります。配信会社との関係では、明らかな契約違反です。しかし、あなたの会社がコピーした範囲は営業地域などのわずかな部分ですし、ウェブ地図のソフトそのものを違法コピーするような悪質な場合（次頁参照）と比べると、著作権者側の損害は軽微といえます。仮に、著作権法違反で告訴されたとしても、あなたの会社が刑事罰を受ける可能性は低いでしょう。

もっとも、契約違反は事実ですから、配信会社などの著作権者から損害賠償を請求されたり、ウェブ地図の契約を解除されて住宅地図が使えなくなる恐れはあります。著作権の管理が厳しくなっている今日、あなたの会社のように、仕事の性格上、地図の大量コピーが避けられないとわかっている場合は、コピーの許諾も含めた包括使用契約を結んでおく方が、無断コピーによるトラブルを避けることができるでしょう。

なお、ウェブ地図の使用契約では通常、ユーザーは必要な地図を1枚は出力できることになっています。プリンターでの印字による出力が認められている場合、あなたが客に、出力した地図をそのまま渡すことは自由です。許可はいりません。

また、スマホに無料の地図アプリを入れている人も多いので、スマホを使っている客には、地図のコピーを渡す代わりに物件の住所を教え、スマホの地図アプリで直接検索してもらうといいでしょう。これなら、無断コピーでトラブルになる心配はありません。客にとっても、印刷された地図を見ながら歩き回るより、自分のスマホの地図アプリを頼りに物件を捜す方が、見つけやすくて便利です。

ウェブ地図のソフトの不正コピーは罰金3億円

ウェブ地図を社員全員に持たせるのは営業など会社の業務に使うためで、私的使用目的ではありません。そのコピー（複製品）を作るには著作権者である地図製作配信会社などの許可（許諾）が必要で、無許可でコピーすれば著作権の侵害です。

あなたの会社は、仕入業者にウェブ地図のソフトの海賊版作りを依頼するようですが、その事実が表に出て著作権者から告訴され、有罪になると、あなたには10年以下の懲役もしくは1000万円以下の罰金（併科もある）が、また会社には3億円以下の罰金が科されます。コピーガードを解除（技術的保護手段の回避という）して違法ソフトを作った場合は告訴不要です。いずれにしろ、不正にコピーしたウェブ地図の違法ソフト（海賊版）を作ることや依頼することは、絶対に止めてください。

使ってはいけない13

ウェブ地図を違法コピーして客に渡すより、スマホで地図アプリを使う客には物件の住所を教えて自分で探してもらう方がいいでしょう。

14

市民相談で本のコピー

市役所の住民相談コーナーで働いています。サービス残業や不当解雇など労働問題から借家をめぐるトラブル、高齢者の暮らしの悩みや夫婦や親子の間の揉め事まで、日常生活の様々な悩みやトラブルを抱えた住民の相談を受け付ける窓口です。ここで対応できない問題は専門部署に案内するか、弁護士や税理士、医師など専門家がいる市民法律相談、市民税務相談、市民健康相談の開催日に再訪をお願いしています。

ただ、ほとんどの相談は簡単なもので、備え付けの法律トラブル、税務トラブルの実用書や家庭医学の本を見れば回答できるものばかりです。相談者には備え付けの本の該当頁をコピーして渡していますが、著作権の侵害ではという人もいて……。

「役所だから」、「公務だから問題ない」は大きな間違い

住民サービスのつもりでしょうが、著作権者に無許可でコピーすれば、たとえ役所

でも著作権（複製権）の侵害です。たしかに、市役所など行政機関は「行政の目的のために内部資料として必要と認められる場合」には、市販本など他人の著作物でも、無許可でコピー（複製）ができます（著作権法42条）。しかし、これは市役所などが公務を遂行するために必要な場合に限られ、コピーが許される範囲や部数も内部資料として必要とされる部分だけです。もちろん、著作権者の利益を不当に害するような場合にはコピーは許されません。

あなたが、この規定を知っているかどうかはともかく、「役所だから」とか、「公務だから」、必要な資料のコピーは著作権者の許可（許諾）がなくても許されると思っていないでしょうか。しかし、市役所の公務遂行とは直接関係のない市販本などの無断コピーが許されるのは、「行政目的の内部資料」となる場合だけです。

たとえば、職員研修用の資料として、市販本を著作権者の許可なくコピーすることはアウトですし、厳密に言うと、職員が個人的に自分の職務の参考資料としてコピーすることも、行政目的の内部資料にはなりません。著作権の侵害に当たります。

相談者本人がコピーする分には問題はない

市役所の職員が、相談に来た住民に市販本をコピーして渡すことは、どう考えてもコピーが許される「公務遂行上必要な行政目的の内部資料」とはいえません。また、住民（相談者）のためのコピーですから、私的使用でもないでしょう。市が著作権者から許可をもらっていなければ、著作権の侵害になります。

もっとも、その事実がわかっても、市に抗議したり、訴えを起こす著作権者はまだ少数でしょう。しかし、役所では「行政目的の内部資料」以外の理由で市販本の無断コピーをすることも多いと思われ、著作権者からクレームがあってもなくても、本来的には予算措置をして、著作権管理事業者と包括利用契約を結ぶべきだと思います。

ところで、相談センターでの対応ですが、あなた方職員がコピーするのではなく、たとえば相談者に解決策の出ている市販本を貸し、近くのコンビニなどで本人に該当頁をコピーしてもらったらどうでしょう。これなら私的使用になります。また、図書館が近ければ、そこでのコピーをすすめる方法もあるはずです。どちらも著作権の侵害にはなりません。包括契約が無理なら、こんな工夫をしてほしいものです。

使ってはいけない14

市民相談に来た住民に、行政サービスの一環として、市販本のコピーを渡すことは著作権の侵害になります。

15

詩人の詩に曲をつける

高校時代の仲間とバンドを組んで10年。インディーズではそこそこ人気は出たが、メジャーデビューはまだできない。たまにライブを見に来てくれる音楽事務所の人に言わせると、曲も声もルックスもいいが、歌詞にインパクトが足りないのだそうだ。

来月、ライブをやるので、そのステージで何曲か新曲を披露し、音楽事務所の人を見返してやりたい。けど、確かに曲に比べて歌詞は平凡だ。納得いくものができないので、気分転換に市販の詩集をめくっていたら、五十数年前に亡くなった有名な詩人の詩が目に入った。ピンとくるものがあったので、この詩に曲をつけようと思う。

でも、ライブで発表するには、遺族に許可をもらわないとダメかなあ……。

死後50年が過ぎれば他人の詩でも許可なしで使える

詩も「言語の著作物」ですから、その詩を書いた詩人に著作権があります。他人の詩に曲をつけて発表する（できあがった新曲は「二次的著作物」になる）には、その詩人（または遺族）など著作権者の許可（許諾）が必要です。

もっとも、作った歌を自宅や自分の車の中などで、家族や恋人、数人の友人の前で歌ったり、録音した曲を聴かせるだけなら、私的使用で許可はいりません。しかし、あなたは、その詩をライブで発表する新曲の歌詞に使うそうです。あなたのバンドがプロだろうとアマチュアだろうと、ライブの観客に聞かせるのですから私的使用とは認められません。観客が1人でも、ライブハウスや路上など不特定多数の人が集まる場所で歌うのであれば、無許可で他人の詩を使うと著作権（翻案権、演奏権）の侵害です。詩を使うには著作権者の許可をもらわなければなりません。

ところで、著作者の権利には「著作者人格権」と「著作権（財産権＝許諾権）」とがあります。いずれも著作権法で保護されていますが、著作権については「保護期間」が決められていて、その期間が過ぎると権利は消滅します。保護期間は、原則として著作者の死後50年です（著作権法51条2項。映画の著作権は公表後70年。外国映画には戦時加算があるものも）。保護期間が過ぎた著作物は、誰でも自由に使えます。

あなたが使いたい詩を書いた詩人は、亡くなってから50年以上経っていますから、著作権の保護期間は当然過ぎているはずです。あなたは誰に断ることもなく、その詩を使って新曲を作れますし、ライブでもネット上でも自由に公表できます。

詩の一部を変えたり、切ったりすることはできない

保護期間が経過した著作物は誰でも自由に使えるといっても、その著作物の一部を勝手に変えたり、切り刻むなど、著作者人格権を侵害するようなマネは許されないのです。著作者人格権は著作者の一身専属権ですから、著作権のように譲渡することもできませんし、相続の対象にもなりません。保護期間は著作者の生存期間で、著作者が亡くなると権利は消滅します（同法59条）。ただ、その死後も原則として、著作者が生存していたら著作者人格権の侵害になるような行為は禁止です（同法60条）。

たとえば、あなたが曲付の都合上、勝手に詩の文言を変えたり一部を切り取ると、著作者人格権のうち同一性保持権を害することになります。あなたは亡くなった詩人の詩を無許可で使うことはできますが、改変や切除は原則としてできないのです。

使ってはいけない15

詩人が亡くなってから50年が経っていれば、著作権の保護期間は過ぎています。氏名を隠したり、改変しない限り、その詩は自由に使えます。

16

動画サイトと違法サイト

友だちが、タダで人気アニメをダウンロードできるサイトを見つけた。当然、違法サイトで、アップされているアニメは海賊版ばかりだ。けど、どの作品も、ちゃんとエンドロールまで入っている完全複写版だと言う。早速、サイトにアクセスしてみた。

トップ画面から作品リストをクリックすると、僕が見そびれたアニメのシリーズが全編そろっている。今すぐ会員登録して、そのアニメをダウンロードしようと思う。海賊版のアニメを流す動画サイトもあるけど、あっちは視聴できても保存はできないからね。

自分の部屋で、一人で見るだけだから問題ないよね……。

海賊版と知っていてダウンロードすると著作権の侵害になる

アニメが違法コピー（海賊版）されたものだと知っていてダウンロードした場合、たとえ自分１人で見て楽しむだけ（私的使用目的）だとしても、著作権（複製権）の侵害になります（著作権法30条1項3号）。同じように、違法サイトにアップされた映画やドラマ、楽曲、それにゲームなどの海賊版も、そうと知りながらダウンロードすることは許されません。著作権の侵害です。

著作権者の告訴が必要ですが、この人気アニメに限らず、違法ダウンロードされたドラマや楽曲、ゲームなどが有料のものなら、最悪の場合、あなたは2年以下の懲役もしくは200万円以下の罰金（併科もある）の刑罰を科される可能性もあります（同法119条3項）。これは脅しではありません。もっとも、海賊版と知らずにダウンロードした場合には罪に問われることもありませんし、そもそも著作権の侵害にもなりませんから安心してください。

市販のCDやDVD（コピーガードのないもの）、雑誌などが、私的使用目的であれば無断コピー（複製）が認められているので誤解しやすいのですが、違法サイトからのダウンロードは例外なくアウトだということだけは覚えておいてください。タダだからラッキーなどと、安易に海賊版をダウンロードすると大変なことになります。

あなたは、そのアニメが海賊版だとわかっているのですから、絶対にダウンロードしてはいけません。

動画サイトの海賊版は視聴だけなら違法と知っていても著作権を侵害しない

海賊版と知りながらダウンロードすれば、たとえ私的使用目的でも著作権の侵害になると説明しました。皆さんの中には、ここまでの話にちょっとビビった人もいるんじゃないでしょうか。パソコンやスマホでネットを頻繁に見る人なら、動画サイトにアップされた海賊版を、そうと知りながら見ている人も少なくないからです。でも、安心してください。動画サイトで視聴するだけなら著作権の侵害にはなりません。

では、どこが違うのか。簡単に言えば、ネット上のコンテンツを見る（再生する）ためにコピー（複製）したデータファイルの保存方法の違いです。

どちらもダウンロードといって、ネット上のコンテンツをコピーし、そのデータをパソコンなどに読み込んで保存します。そのデータを再生することで、映画や音楽を見たり、聞いたりできるのです。ただし、あなたが海賊版を取得しようと考えた違法サイトでは、ダウンロードしたデータファイルはハードディスクの中に保存されます。この場合、あなたは海賊版のアニメを、いつでも好きな時に再生して見ることができますが、言い換えればコンテンツすべてをダウンロードし終えないと、アニメを見ることができないのです。

一方、動画サイトでは、ダウンロードしたコンテンツのデータは、ハードディスクではなく一時ファイル（アプリ終了後、データは消える）に保存されます。そのため、視聴はできますが、後で再生することはできません。ただし、コンテンツのデータを完全にダウンロードし終えなくても海賊版を見ること（再生）ができるので、前者のように待たなくても見られるという特長があります。動画サイトはアップされた海賊版を見たり聞いたりできるだけで、そのデータを保存し好きな時に再生できるわけではありませんから、無許可でも著作権（複製権）の侵害にはならないのです。

この仕組みを「ストリーミング」などと呼び、前者のダウンロードとは区別しています。著作権法上も、パソコンなどのブラウザでウェブサイトを視聴するコピー（複製）の例外規定である「電子計算機における著作物の利用に伴う複製」（47条の8）が適用され、違法サイトからのダウンロードに対する適用条文とは異なるのです。

ただ、あなたが罪に問われなくても、海賊版が違法であることに違いはありません。違法サイトにしろ、動画サイトにしろ、海賊版は見ないことです。

使っては いけない16

海賊版と知りながらダウンロードすると、たとえ私的使用でも、刑罰を受ける危険があります。タダより高いものはないのです。

17

ゲームの必勝ソフト

中二の息子にせがまれ、スマホを買い与えました。同級生はほとんど持っていますし、ユーチューブなど動画サイトを見たり、友だち同士でSNSをやるだけというのでOKしたんです。もちろん、アダルトサイトは見れないようにしました。でも請求額を見てビックリ。今までの5倍以上だったんです。夫と私、高三の娘の利用料金はいつも通りで、増えた分は、すべて息子の有料コンテンツでした。

息子は、ポイントが溜まると賞品がもらえる対戦ゲームにハマっていて、勝つために強い武器を次々に購入したそうです。息子には今後もコンテンツ料がかかるなら、家計のやりくりが大変なので、対戦ゲームを止めてほしいと頼みました。

息子は、「大丈夫。必勝のソフトを手に入れるから、もうお金は使わないよ」と言います。ネット上から違法なソフトをダウンロードし、自分のスマホにインストールするつもりらしいのです。これって、問題はないんでしょうか……。

違法プログラムを使うと詐欺罪に問われることも

ネット上の対戦ゲームには、様々な種類があります。その多くがゲームそのものは無料で遊べても、ユーザーがゲームに勝ったり、より上のランクに上がるには、対価を払ってゲームを有利に運べる強い武器などのアイテムを取得していかなければなりません。その是非はともかく、この課金制度も対戦ゲームの特色の一つです。

また、ゲームの中には勝ってポイントが溜まると、賞品が獲得できるものや商品券に換えられるなどギャンブル性の高いものもあります。あなたの息子さんも、この手の対戦ゲームにハマったようですね。勝ちたいと、次々にアイテムを購入した気持ちはわからないわけでもありません。ただ、どんなに強い武器を手に入れても、ゲームは偶然とプレーヤーの能力により勝ち負けが決まるのが普通です。

しかし、息子さんは不正な手段を使って勝とうと考えています。具体的には、必ず勝てるように改変した違法プラグラムをインストールし、それを使って対戦ゲームをしようとしているのです。息子さんは、違法なプログラムソフトと知りながら、「必勝のソフト」なるものをインストールしようとしており、実際に取得すると著作権を侵害したものとみなされます（著作権法１１３条２項）。親告罪ですが、違反者には罰則があり、５年以下の懲役もしくは５００万円以下の罰金です（併科もある）。

なお、違法プログラムの使用が金品と交換できるゲームのポイント獲得が目的で、実際にソフトを使用すれば、詐欺罪（刑法２４６条）に問われる可能性もあります。詐欺罪の罰則（法定刑という）は、10年以下の懲役です。

息子さんは、ネット上から違法プログラムをインストールするつもりのようです。あなたが対戦ゲームを止めるように言ったのは、課金が増えると家計が苦しいという理由ですが、息子さんは今、重大な犯罪に手を染めようとしています。親としては、そちらの現実を重視してください。絶対に違法ソフトを取らせないことです。

親なら子どもがゲームにハマらないよう必要な制限や注意をしよう

息子さんは中二だそうですが、言葉通り違法プログラムをインストールし、実際に対戦ゲームに使った場合には、満14歳になっていると、著作権法違反や刑法の詐欺罪に問われます。警察で取調べを受けますし、犯情が悪質だと逮捕されることもあるのです。ただし、起訴されても成人の刑事裁判ではなく、家庭裁判所の審判に付され、その処分は少年法の保護処分でしょう。なお、息子さんが満13歳の場合は刑罰を科さない決まりで（刑法41条）、警察ではなく児童相談所に送られます。

息子さんが違法ソフトをインストールしないよう、絶対に止めてください。説得に応じそうもない場合は、アダルトサイトの制限だけでなく、ソフトウェアの使用制限やウェブサイトの閲覧時間の制限などを、息子さんのスマホに設定しておくといいと思います。やり方がわからなければ、スマホの携帯電話会社やセキュリティソフトの会社に相談するといいでしょう。

また、息子さんが違法ソフトを使ったことで、対戦ゲームの運営会社などに損害が生じた場合、親権者であるあなたやご主人に損害賠償が請求されることもあります。息子さんの年齢を考えると、親権者にまで賠償責任を問えるか意見の分かれるところですが、いずれにしても違法ソフトをインストールすると、様々なトラブルが生ずる恐れがあるということを認識して、息子さんをしっかり監督してください。

使ってはいけない17

対戦ゲームのポイントほしさに、違法プログラムソフトをインストールすることは絶対に止めてください。ときには重い刑罰が科されます。

18

DVDの無断コピー

映画好きの友人がいて、DVDやブルーレイの貸し借りをしています。互いに好みが微妙に違うので、コレクションがかぶることは余りありません。ところが先日、彼が私の部屋に遊びに来て、古いDVDを見て驚いていました。何年か前に亡くなった有名な監督の映画シリーズで、その監督の映画を好きだったそうです。彼は持っていないらしく、さっそくそのDVDを何本か借りていきましたが、夕べ、「続きのDVDをコピーして送信してくれないか」と私宛にメールが入りました。メールに添付して送ろうと思いますが、私的使用目的だから問題ないですよね。

送れなければ、CD-ROMにコピーしてあげようと思いますが……。

コピーガードされたDVDの無断コピーは私的使用でも著作権の侵害

市販のDVDをコピー（複製という）したければ、著作権者の許可（許諾）が必要です。DVDを買った人でも、無許可でコピーすると著作権（複製権）の侵害になります。ただし、例外があり、私的使用目的のコピーなら許可はいりません（同法30条1項）。問題は、友人にあげるためのコピーが私的使用と認められるかどうかです。

著作権法は、私的使用の要件として、「個人的に又は家庭内その他これに準ずる限られた範囲内において使用すること」と定めていますが、本人や家族以外でも、恋人や少数特定の友人は私的使用の範囲内として通常認められます。よって、あなたが自分のＤＶＤを友人のためにコピーしても、著作権の侵害にはなりません。

もっとも、最近では、新作の映画やドラマのＤＶＤはコピーガードが施されているので、一般のユーザーにはコピーはできません。しかも、このコピーガードを勝手に外し、ＤＶＤの映画やドラマをコピーすると、たとえ私的使用目的でも著作権の侵害になります（同法30条2項。技術的保護手段の回避という）。違反者への罰則（法定刑）は3年以下の懲役もしくは３００万円以下の罰金（併科もある）です。

なお、あなたがコピーを頼まれた映画のＤＶＤは、かなり以前に発売されたもののようですから、おそらくコピーガードはかかっていないでしょう。その場合、あなたは友人ために無許可でコピーすることができます。著作権の侵害にはなりません。

友人だけに送信するか、友人以外も受信できるかにより結論が異なる

あなたが映画のデータをＤＶＤからＣＤ‐ＲＯＭやＵＳＢメモリにコピーし、それを友人にあげることは、私的使用目的ですから何の問題もありません。しかし、彼はデータの送信を望んでいます。

一般的な送信の方法としては、ＳＮＳにアップする方法と、メールに添付して送る方法とがあります。ただ、ＳＮＳは不特定多数の人に公開することになるので、無断送信は著作権（公衆送信権）の侵害です。この方法は使えません。

次に、データファイルをメールに添付して送信する方法ですが、こちらは友人本人のみが開くことができるので、著作権の問題は生じません。ただ、容量が大きすぎて送信できない可能性もあります。その場合、メール便を使う方法もありそうです。

なお、あなたのＤＶＤにコピーガードがかかっている場合は、たとえ私的使用目的でも、無断コピーは著作権の侵害です。この場合には、ＤＶＤそのものを友人に貸すしか方法がありません。

使ってはいけない18

コピーガードのないＤＶＤを友人のために無断コピーしても私的使用と認められれば問題ありません。メールやメール便で送ることも可能です。

COLUMN

ネタバレサイト

連続ドラマや連載漫画のファンなら、いち早く、次回の展開を知りたいと思うでしょう。「ネタバレサイト」は、そんなファン心理をうまく利用したビジネスといえます。しかし、これは犯罪です。

★発売日前の漫画公開に逮捕者

週刊少年ジャンプを、発売日前に入手し、人気漫画「ワンピース」の画像を、ネットに無断公開したネタバレサイトの経営者などが逮捕されたというニュースは記憶に新しいところです。

広告収入で3億円以上も稼いだ被疑者もいたそうですから、他にもこの手のサイトを運営する人はいるのでしょう。

自分のブログやホームページに企業の広告（バナー広告という）を貼り付け、閲覧回数などにより収入を得る方法は、ネット上の手軽なバイトとして一般の人も大勢参入しています。

もちろん、この仕組み自体は何の問題もありません。適法な仕組みです。

問題は、閲覧回数を増やそうと、前出のネタバレサイトのように違法なやり方をする人間もいるということです。言うまでもなく、彼らの行為は著作権法違反（出版権の侵害、公衆送信権の侵害）で、刑事罰の他に、出版社などから損害賠償を請求されます。使ってはいけません。

第3章 歌ってはいけない

1

店でCDを流す

小さな喫茶店を経営していますが、好きなアーティストのCDを買ってきては店で聞いています。営業中も、BGM代わりになるので便利です。ところが先日、著作権の管理団体を名乗るところから電話があり、店でCDを再生して聞くなら音楽使用料を払えと言われました。無断でCDをかけると、著作権の侵害だと言うのです。

CDは自分が聞きたくて買ったのに、家で聞くのは自由で、店でかけると別に使用料がいるなんて納得できません。客から金を取っていなくてもダメですか。

個人で聞くために買ったCDでもBGMとして使うと私的使用にならない

私たちは、CDを再生して音楽を聞いたり、好きなアーティストの曲をカラオケで歌ったりします。また、CDに収録された曲を、無許可でコピーして恋人や友だちにあげることも、そう珍しいことではありません。ただし、これら日常生活で繰り返す行為が、実は作詞家や作曲家などの著作権、またアーティストやレコード製作者などの著作隣接権を侵害する場合があるということを知らない人も多いのです。とくに、自分で買ったCDについては、彼らの許可（許諾）なしに自由に聞ける（再生できる）と思っている人がほとんどでしょう。市販のCDを、事務所や店舗、営利のイベントでBGMとして使い、著作権や著作隣接権の侵害を指摘されたり、音楽使用料を請求されて、著作権者などとトラブルになるケースも少なくないのです。

私の知り合いにも、あなたと同じように音楽使用料を請求され、「自分が聞きたくてCDを買ったのに、店でかけるなら別途使用料払えなんておかしい」と、怒っていた喫茶店のオーナーがいました。たしかに、CDは買った人の所有物ですから、個人的に聞くなら「私的使用目的」で著作権者の許可は必要なく、CDを自由に再生してもかまいません。

しかし、これは例外（著作権が制限される場合）で、他人の著作物を利用するには著作権者の許可をもらうのが原則です。適正な使用料を請求されれば、支払いに応じなければなりません。喫茶店でBGMとして音楽を流すことは営利目的です。あなたはCDは自分が聞きたくて買ったと言うかもしれませんが、営業中に流している以上、私的使用目的とは認められません。ただ、営業外の時間帯に自分や従業員たちだけでCDを聞く場合は、私的使用目的と認められると思います。

お店でCDの音楽を流すには使用料がいる

ＣＤの再生とは、その収録曲を演奏することです。この演奏権も、著作者の権利として保護されています（著作権法22条）。そのため、喫茶店など営利目的の店舗が、ＣＤをＢＧＭとして利用する場合、著作権者の許可が必要です。無断再生すると著作権（演奏権）の侵害です（保護期間が切れたものは除く）。

あなたも店内でＣＤを無断再生しているようですが、この状態は、管理団体（著作権管理事業者）の人が言うように、著作権を侵害しています。今後もＣＤをＢＧＭとして使いたければ、著作権者の許可をもらって、代わりに音楽使用料を払わなければなりません。もっとも、あなたは個別に著作権者と契約する必要はなく、相手が管理を任せている著作権管理事業者と音楽著作物の利用許諾契約を結べばいいのです。ただし、著作権管理事業者の管理下にないＣＤの場合、著作権者と個別に交渉し、利用許可をもらわなければなりません。

有線放送やネットの配信サービスを使っている場合、有線放送の業者などが著作権管理事業者との手続きを代行したり、一括契約していることもあります。その場合、利用料には普通、音楽使用料も含まれていますので、業者から契約を証明する書類をもらって著作権管理事業者に提出すれば、使用料の二重払いは防げます。ただ、著作権管理事業者と改めて契約が必要な業者もいます。管理事業者に確認してください。

病院など使用料を免除されているところもある

わが国では、ＪＡＳＲＡＣが最大手の著作権管理事業者ですが、そのホームページによると、喫茶店がＣＤなどをＢＧＭに使う場合の音楽使用料は、店舗面積５００㎡以内なら年額６０００円です。

なお、会社の事務所や商業施設など営利目的の施設がＢＧＭにＣＤの曲を使う場合にも、音楽使用料を支払う義務があります。最近、音楽教室にも使用料を請求するとＪＡＳＲＡＣが発表し、話題になりました。もっとも、福祉・医療施設や教育機関での利用、事務所や工場で従業員のみを対象とした利用、また祭りの屋台などで一時的に流す音楽については、今のところ使用料は免除されているようです。

歌ってはいけない１

自分が聞きたくて買ったＣＤでも、飲食店などでＢＧＭ代わりに流すと別に使用料が必要です。無許可で再生すると、演奏権の侵害になります。

2

路上ライブ

バイト仲間とユニットを結成し、週末は人前で歌っている。たまにライブハウスに出ることもあるけど、活動の場は駅前商店街や公園での路上ライブがほとんど。でも夢はプロになること。だから、毎日のように曲作りをして、ライブではその歌だけを歌ってる。周りはいい歌だと言ってくれるし、プロの添削でも評価は悪くない。でも、オリジナル曲だけだと、足を止めて聞いてくれる客は知り合い以外、いないんだ。

僕らの歌をできるだけ大勢の人に聞いてもらうにはどうしたらいいか、相方と相談し、歌う曲目のほぼ半数を今人気があるデュオやグループの曲にしたら、立ち止まる客がかなり増えた。コピーバンドみたいで嫌だけど、CD聞いて必死に覚えたよ。

これからも、これで行くつもり。けど、知り合いが、他人の曲を歌う場合は、アーティストやレコード会社に許可をもらって、しかも使用料払わないとダメって言うんだよな。無料の路上ライブでも使用料払う必要あるのか……。

人の曲を歌うには作詞家や作曲家、レコード会社などの許可がいる

知り合いの話が事実かどうか判断する前に、CDを利用する場合の権利関係を説明しましょう。カラオケにしろ、ライブでの演奏にしろ、他人の曲を使う場合は著作権者などの許可（許諾）をもらわなければなりません。これが原則です。

許可をもらう相手は、①その曲を作った作詞家と作曲家、②CD（商業用レコード）の原盤を作ったレコード会社などレコード製作者、それに③実際に曲を歌ってCDに録音されたアーティスト（実演家という）です。①は著作権者、②③は著作隣接権者と言います。著作権は、小説や音楽、絵画など、思想と感情を創作的に表現した著作物を作った人に自動的に与えられる権利で、著作隣接権は、その著作物（たとえば曲）を世間に広めた（公に伝達した）人に与えられる権利です。

たとえば、「CDの再生」とは、その収録曲を演奏することですから、CDを無断でBGMに使うと著作権（演奏権）の侵害で、著作権者は、その使用差止めを請求することができます（損害が生じた場合には損害賠償も求められる）。また、CDを無断でコピー（複製）し、その複製品を売った場合、著作権者の複製権および著作隣接権者の複製権、録音権、報酬請求権（音楽使用権を請求する権利）の侵害です。著作隣接権者は、販売差止めと使用料（損害金）を無断販売した相手に請求できます。

なお、ＣＤ製作には、多くの会社や人が関係していて、著作権や著作隣接権などの権利関係も複雑に絡み合います。前頁の①～③の関係も一様ではありません。シンガーソングライターのように、本人が作詞作曲するアーティストもいるからです。

他人の曲を歌うには使用料を払うのが原則

ＣＤ利用の手続きは、一般的に著作権管理事業者に委託され、その事業者が利用者との交渉や契約、音楽使用料の請求や徴収を行います（委託されていないＣＤや曲は個別に行う）。利用者も個別に許可をもらう必要はなく、著作権管理事業者と音楽著作権利用許諾契約を結んで所定の使用料を払えば済むため面倒がありません。しかも、使用料さえ払えば、ＣＤをカラオケの伴奏やＢＧＭとして使うのも、ライブで他人の曲を演奏することもできます（レコード会社の許可が必要な場合もある）。

では、路上ライブの場合、必ず許可か使用料の支払いが必要でしょうか。これまで、私的使用目的の場合は著作権の例外として許可はいらないと何度も説明してきました（著作権法30条1項）。この例外規定は、著作権だけでなく著作隣接権にもあります（同法102条1項）。たとえば、ＣＤをパソコンに取り込み（コピー）、自分だけのライブラリーにまとめたり、その曲を音楽プレーヤーに書き込んで（コピー）通勤通

CDが市販されるまで

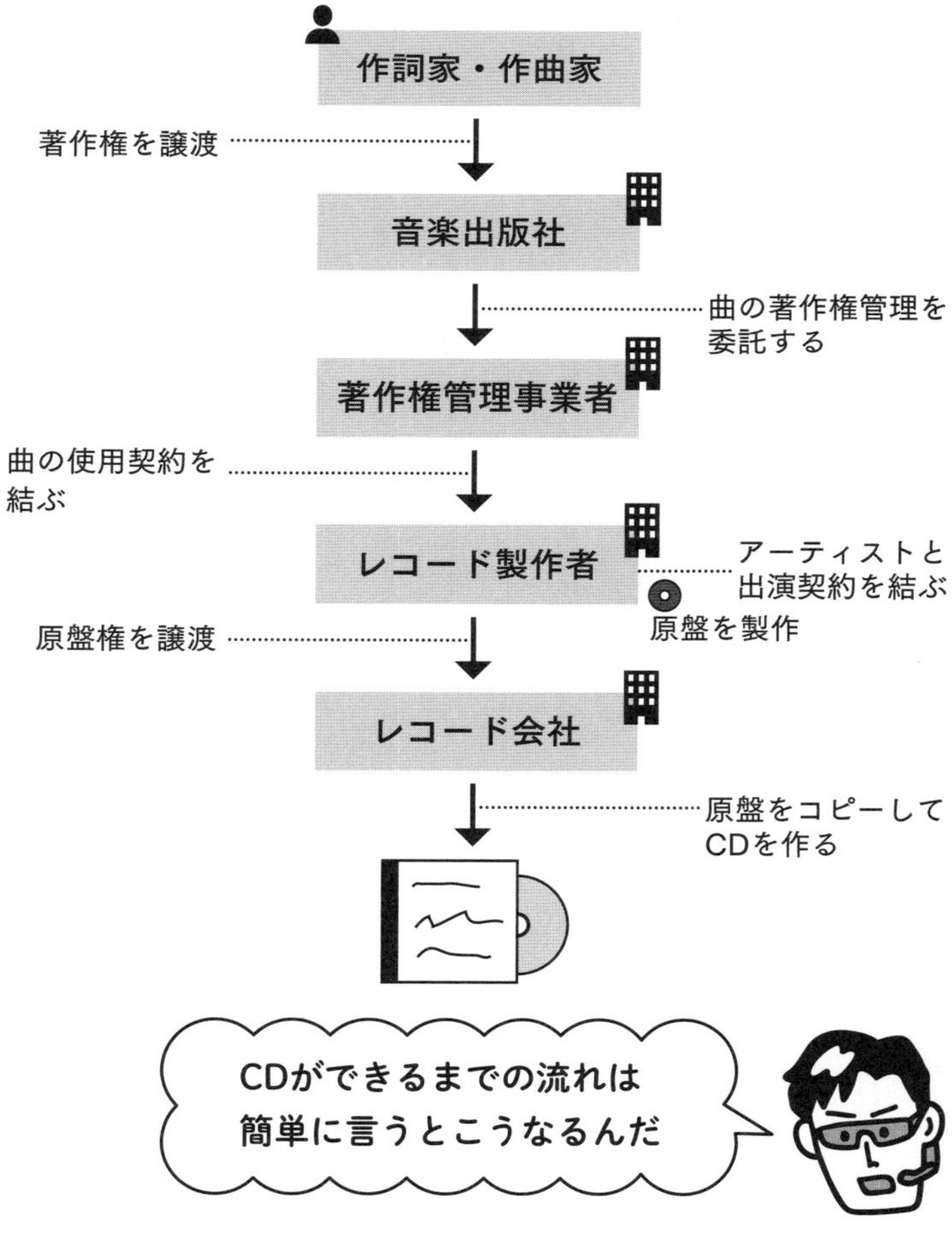
作詞家・作曲家
著作権を譲渡
音楽出版社
曲の著作権管理を委託する
著作権管理事業者
曲の使用契約を結ぶ
レコード製作者
アーティストと出演契約を結ぶ
原盤を製作
原盤権を譲渡
レコード会社
原盤をコピーしてCDを作る
CDができるまでの流れは
簡単に言うとこうなるんだ

学中に再生して聞いたりすることは私的使用です。許可はいりません。

また、自宅で家族や恋人、親しい友だちと、CDの曲に合わせて演奏したり歌ったりすることも私的使用ですから、許可はいらないです。しかし、あなた方の路上ライブは、観客が一人もいなくても不特定多数を相手に演奏するものですから、他人の曲を使えば、私的使用目的とは認められません。もっとも、二人はアマチュアですから、ライブが営利目的とはいえませんし、観客は無料でしょう。もちろん、出演料（報酬）を払う出演者やスタッフがいるとも思えず、一般的には、無許可でも演奏ができる「非営利の演奏」に当たるといえると思います。

アマチュアの無料ライブでも使用料を求められることもある

前項（店でCDを流す）で紹介した著作権管理事業者の規定によると、使用料を免除される場合として、「祭りの屋台などで一時的に流す音楽」が挙げられています（173頁参照）。これにも該当すると思われ、あなた方の場合は、許可を取る必要も、また音楽使用料を払う必要もないでしょう。もっとも、デビュー間近の宣伝活動だったり、スポンサーと提携してグッズ販売をしている場合などは、免除対象とは認められません。ライブでコピーする曲については著作権管理事業者と音楽著作権利用許諾契約を結び、使用料の支払いが必要になります。

なお、観客が路上に置かれたギターケースに現金を投げ入れたり、自主制作のオリジナル曲のＣＤを買ってくれる場合も、右のデビュー間近のように明らかな営業活動とみなされる場合を除けば、一般的には使用料免除の対象と考えてもいいのではないでしょうか。

心配なら、著作権管理事業者かＣＤ発売元のレコード会社に確認することです。

ちなみに、ライブハウスでも活動しているようですが、ライブハウスは通常、著作権管理事業者と音楽著作権利用許諾契約を結んでいます。音楽使用料は入場料などに含まれていて、ライブハウスが払っているのです。

歌ってはいけない２

無料の路上ライブで他人の曲を演奏する場合、アマチュアでも明らかな宣伝活動やグッズ販売を行うときは、音楽使用料の支払いが必要です。

3

商店街のカラオケ大会

駅前商店街の理事です。周辺には他にもいくつか商店街がありますが、商店街同士の交流は、これまでほとんどありませんでした。それが最近、郊外に異業種の大型店が立て続けに出店し、駅周辺の商店街はどこも客足が激減したため、各商店街の代表が集まって、「どうすれば客足を取り戻せるか」相談することになったのです。

その結果、商店街同士の親睦も兼ねてカラオケ大会を開くことになりました。予算はかけられないのでスタッフは各商店街から必要な人数を出すことになり、実行委員会のトップには私が選ばれました。もちろん、全員ボランティアです。

カラオケ大会の参加料は無料ですし、「駅前オール商店街カラオケ大会参加者募集」のチラシを周辺の駅にも貼ったので、参加者は予想以上に集まっています。大会運営費はチラシの裏に入れた広告のスポンサー料などで賄えそうですが、カラオケの伴奏はCDを使うこととし、スタッフが個人的に所有するものを集めました。ところが、チラシを見た著作権管理事業者の人が伴奏はCD

と知り、実行委員会にCDを使うなら使用料を払えと要求してきたのです。払わないとダメですか……。

自前のCDを使っても、営利目的の大会は使用料を取られる

CDをカラオケ大会の伴奏に使う場合は、主催者は原則として、著作者（作詞家、作曲家）、演奏したアーティスト、そしてCDを製作販売したレコード会社のすべての人から許可（許諾）をもらわなければなりません。たとえ自分が所有するCDでも、無断で伴奏に使うと、作詞家などの著作権（演奏権）を侵害し、レコード会社などの著作隣接権（報酬請求権）も侵害することになります。

あなた方が主催するカラオケ大会の目的は、商店街同士の親睦と集客です。これが営利目的とみなされれば、伴奏にCDを使う場合は許可が必要でしょう。著作権管理事業者から音楽使用料の請求があったということは、使う予定のCDは管理事業者に著作権の管理を委託されているものだと思われます。各権利者に個別に許可をもらわなくても、著作権管理事業者にCD利用の申請手続きをして、所定の音楽使用料を支払えば、そのCDをカラオケ大会の伴奏に自由に使えるのです。

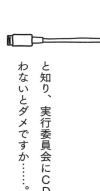

親睦目的で一定の条件をクリアしていると、許可は必要ない

他人の楽曲を利用する場合、私的使用（著作権法30条1項）や非営利の演奏（同法38条1項）と認められると、例外的に著作権が制限されて、無断使用が許されます。商店街主催のカラオケ大会が、この例外に当たらないかどうか検討してみましょう。無断使用が許される場合であれば、使用料を払う必要はありません。

まず、私的使用については、商店街のカラオケ大会ですから参加者も観客も不特定多数です。これでは、私的使用目的とは認められません。

次に、「非営利の演奏」はどうでしょう。著作権法では、①営利を目的としていないもので、②観客からは料金を一切取らず（無料）、また③出演者や司会者などに報酬を払わない、などの条件を満たせば、他人の音楽を利用する場合でも、著作権者の許可は不要と定めています。なお、カラオケ大会の参加者から参加料を取るかどうかは、非営利の演奏と認められる条件に入っていません。

ところで、このカラオケ大会では伴奏に市販のＣＤを使いますから、レコード会社やアーティストの報酬請求権を侵害する可能性もあります。ただし、カラオケ大会が著作権の制限規定の条件（右の①〜③）をクリアしている場合で、大会主催者が営利企業やカラオケ教室、飲食店などではなく、またスポンサー名の入った冠大会でない

など一定条件を満たしている時は、著作権管理事業者はＣＤ利用の申請手続きを不要とし、使用料を徴収しないようです。

あなた方のカラオケ大会は、主催者として商店街が実行委員会を組織していますし、運営費は広告料から賄うようですが、スポンサー名を入れた冠大会でもなさそうです。しかも参加者も含め全員ノーギャラですから、その目的が宣伝販売促進よりも商店街の親睦に重点が置かれていると認められれば、使用料の支払いは免れられるような気もします。

いずれにしろ、著作権管理事業者からの請求を放置しておいてはいけません。問題を悪化させるだけです。相手に至急連絡し、キチンと事情を説明して使用料の支払いを免除してくれるように交渉すべきでしょう。

歌ってはいけない３

入場料無料など一定の要件を満たすカラオケ大会は、無許可でも伴奏にＣＤを使えるが、営利目的の場合は使用料を払わなければなりません。

4

文化祭で完コピ

女子高の教師で、3年生のクラス担任をしています。先日、ホームルームで文化祭の出し物を話し合い、私のクラスは生徒たちの希望で、人気アイドルグループの歌を歌うことに決まりました。生徒たちは放課後、さっそくDVDを見ながら振付や歌唱の練習をしています。自宅でも各自、パソコンに取り込んだ映像を見て練習しているらしく、文化祭直前には本物に引けを取らないくらい上手くなりました。これ、私のひいき目ではありませんよ。

生徒たちから感想を聞かれ、そう答えると、喜んだ彼女たちは私に、文化祭当日のステージを撮影してDVDを作り、全員に配ってほしいと言います。担任は舞台監督をやることになっていますが、伴奏もCDを使いますし、当日は何もやることがないので喜んで撮影とDVD作りを引き受けました。

ただ、無許可でCDを使ったり、歌を歌うのは、何の問題もないんでしょうか。

入場無料の文化祭や学芸会は著作権者の許可なく曲を演奏できる

高校の文化祭や小中学校の学芸会は、「授業」の一環です。もちろん、①営利を目的としたイベントではありませんし、②生徒や教職員以外の観客（父兄や卒業生など）も無料で、入場料を取ることは通常ありえません。また、③出演者は生徒ですから、ギャラ（報酬）が発生することもないでしょう。この三つの条件を満たしている場合には、著作権者の許可がなくても楽曲の演奏ができます（非営利の演奏という。著作権法38条1項）。

あなたの学校の文化祭も、この条件をクリアしていれば、生徒がアイドルグループの曲を歌うのも、伴奏にCDを使うのも自由で、著作権管理事業者やレコード会社の許可をもらう必要はありません。ただし、①〜③いずれかの条件が満たされない場合があります。たとえば、プロの司会者や指揮者、伴奏演奏者を頼んで報酬も払うような場合です。この場合には③の条件を満たしていませんので、著作権が制限される「非営利の演奏」とは認められません。文化祭で、曲を歌ったり、CDを使うには、著作権管理事業者などへの手続きが必要になります（使用料が発生することもある）。

なお、大学などの学園祭でのコンサートやライブは、学園祭の入場料とは別に、個々のイベントごとに観客から料金を取ることも少なくありません。また、人気タレントやプロの奏者などを呼ぶことも多く、その出演者には報酬を払うのが普通でしょう。この場合には「非営利の演奏」とは認められませんので、人気歌手やグループの曲を演奏したり、CDを利用する場合は、著作権管理事業者への手続きが必要になります。サークルでライブなどを計画している場合には、事前に学園祭の実行委員会に著作権の届出の有無についても確認しておくといいでしょう。

文化祭の様子を撮影したDVDを生徒に配るには許可がいる

あなたの生徒は、曲をパソコンに取り込み、自宅でその映像を見ながら各自で練習を続けていたとのことです。このように、個人的に練習するため市販のCDから曲をパソコンに取り込んだり、またパソコンから携帯音楽プレーヤーに書き込む（コピーする）ことには許可はいりません。私的使用目的の複製として認められます。

なお、あなたのクラスが合唱曲を選んで、その楽譜を用意しなければならないような場合、著作権者の許可がなくても楽譜のコピーはできます。著作権の例外として、「学校など教育機関での複製」が認められているからです（同法35条1項）。ただし、①楽譜のコピーは、あなた（担当教師）や生徒が行い、②コピーは文化祭で歌う合唱曲のみ（授業で使う範囲）しかできません。また、③コピーができる部数は、クラスの人数分＋担任教師の分だけ（必要な限度内の部数）に限られます。

文化祭（授業）で使わない他の曲までコピーしたり、授業の一環だからと1クラス分以上のコピーをすることは認められません。この場合は許可が必要です。

ところで、あなたは文化祭で生徒たちの演奏の様子を撮って、そのＤＶＤを全員に配ると、安請け合いしましたね。あなたは、無許可演奏やＣＤの無断再生を気にしているようですが、実はＤＶＤ作成の方が問題です。生徒たちのステージを学校の資料として撮影することはかまいませんが、それをコピーしてＤＶＤを作り、生徒全員に渡す場合には、たとえ「非営利の演奏」の条件を満たしていても、著作権管理事業者に録音録画の手続きをするか、著作権者などの許可をもらわなければなりません。

無断でコピーすると、著作者（作詞家・作曲家）の演奏権や譲渡権、著作隣接権者（アーティスト、レコード会社）の録音録画権や複製権、譲渡権などを侵害することになります。もっとも、著作権管理事業者の指定業者に依頼し、有料でＤＶＤを配ることは可能でしょう。

歌ってはいけない４

学園祭や文化祭で人気グループの歌を歌う場合、入場料が無料など一定の条件をクリアすれば無許可で演奏はできます。

5

動画投稿

夫と私、小2の娘と4歳の息子の日常を撮影し、頻繁に動画投稿サイトに投稿していますが、ほとんどアクセスがありません。ママ友の中には、同じような家族の動画なのに再生回数が1万回を超える人もいます。負けたくありません。でも、思いつくアイデアは、どれももう投稿されたものばかりです。そんな時、テレビの音楽番組を見ていた娘がアイドルグループの歌に合わせ、振付も入れて歌い始めたんです。すると、息子も踊り始めて。歌詞はわからないので口パクです。これだと思いました。

さっそく家族4人で、そのグループのCDに合わせて、口パク動画を撮りました。もちろん、振付も真似て。動画投稿サイトにアップしたら、すぐにママ友の再生回数を抜いてしまったんです。毎回、曲やアーティストを変えて投稿を続けていますが、再生回数は落ちません。ママ友は、「無断でCDの曲を使うと著作権侵害よ」と嫌みを言うのですが、CDは買ったものだし、家族だけの動画だから問題ないですよね。

家族だけの演奏風景だから、基本的には何の問題もない

ユーチューブやニコニコ動画など動画投稿サイトには、この家族のような日常風景を撮った動画が数多くアップされます。再生回数を上げようと、ことさら過激な動画や犯罪性の高いものを除けば、投稿は自由ですし、アップした動画を削除や配信停止されることもないでしょう。また、写り込みの範囲であれば、他人の姿が入っていても肖像権やプライバシーの問題は生じません。絵画や彫刻など、他人の著作物が写り込んだ場合も同様で、相手に許可なく撮ったものでも著作権（複製権、公衆送信権）の侵害になることはないのです（著作権法30条の2）。

なお、動画投稿サイトに限らず、一般の投稿サイトやSNSでも、リベンジポルノや暴力沙汰など違法かつ犯罪とみなされる動画や画像、わいせつ性の高い動画や画像については、サイト側が独自の基準で削除や停止するケースもあります。ただ、これ以外の動画や画像は、被写体や権利を侵害された側からの申入れがないと自動的には削除されません。これは、他人を誹謗中傷する書き込みと同じです。しかも、申入れがあっても、表現の自由との関係で投稿者の言い分や反論の方が優先され、投稿者が削除に応じない場合、削除してもらえないことも多いと言われています。

あなたの場合、動画には家族以外は登場しないようですし、家族で歌っている様子

を撮っただけのようですから、投稿自体は自由ですし、基本的には何も心配することはないと思います。問題があるとすれば、ママ友の言うように、伴奏に市販のＣＤの曲を使っていることです。

他人の曲を無許可でネット上にアップすると著作権の侵害になる

市販のＣＤは自分のものでも、無断でネット上にアップすると、著作権（公衆送信権）の侵害です（同法23条１項）。また、レコード会社やアーティストの著作隣接権（報酬請求権）も侵害することになります。しかし、著作権管理事業者と包括利用許諾契約をしている動画投稿サイトもあります。動画で使う曲が管理楽曲であれば、そのサイトの投稿者は許可不要です。ただし、その音源は投稿者自身が演奏あるいは作ったものに限られ、ＣＤやネット音源を使う場合は、レコード会社など著作隣接権者の許可を、別にもらわなければなりません。

あなたの動画の演奏は口パクで、実際に流れている曲や歌はＣＤのものです。無断使用ですから、法律上は著作隣接権を侵害しています。ただ、投稿サイトでは、違法性が高い犯罪動画などサイト独自の基準を逸脱するものを除けば、権利を侵害された相手方から削除要請がない限りは、投稿者に削除を求めることはありません。著作権者も、営利目的でない家族の日常風景の投稿動画にまで一々削除要請を出すことは通常ないのではないでしょうか。ただし、『恋ダンス』の動画に対し、レコード会社側がホームページなどを通じて一般投稿者に自主的な削除要請をしたケースもあります。

公正な利用であれば無許可利用もできるという考えもある

投稿動画の楽曲や映像の無断使用については、著作権者など権利者の利益を不当に害することがない場合、たとえば家族の動画に市販のCDを使うようなケースでは、一定の条件を満たせば無許可使用を認めてもいいという考え方もあります。これを、「公正な利用（フェアユース）」といい、すでに海外では適用されている国もあるそうですが、わが国の著作権法には、まだそういう規定がありません。スマホやSNSで誰でも手軽に動画を撮り、ネット上にアップする今日、権利者の利益を害しない範囲で、一般の人が自由に映像や音楽を利用できる仕組みを作ってほしいものです。

歌ってはいけない5

家族の日常風景の投稿動画でも、市販のCDの曲を無断で使うと法律上は違法ですが、実際には問題にされる可能性は低いでしょう。

6

歌で気持ちを伝えてみた

彼女とケンカしちゃってさ。謝ろうと思うけど、電話にも出てくれないし、メールしても返事がない。で、彼女が毎日チェックしてる動画投稿サイトに謝罪動画アップしたんだ。彼女がファンクラブ入ってる人気シンガーの曲使って。歌に出てくる恋人の名前とか、思い出の場所とか、彼女がわかるように替えてさ。伴奏もCDじゃなくて、自分でギター弾いて生歌をアップした。この投稿サイト、自分で演奏すれば、曲作った人の許可なくても動画に使っていいことになってるからね。本当は、ギターも歌も自信ないから、ちょっと恥ずかしかったけど。

でも、彼女ちゃんと見てくれてたみたい。「もう怒ってないよ。ありがとう」って、メール来た。ホッとしたけど、勝手に歌詞替えてもよかったのかな……。

歌詞を勝手に替えてアップすると、著作者人格権の侵害になる

あなたのように相手に自分の気持ちを伝えたくて、曲の歌詞を替えて歌う人は結構

います。カラオケで恋人への切ない思いを歌う曲を選んで、その曲に出てくる恋人の名を、さりげなく相手の名前に置き換えて歌った経験、皆さんもあるんじゃないですか。もちろん、カラオケの個室ブースや家庭内など、特定の人しか見聞きすることができない閉じられた場所で、歌詞を替えて歌っても何の問題もありません。

あなたの場合、アップしたのは不特定多数がアクセスできる動画投稿サイトです。ただ、この投稿サイトは、著作権管理事業者との間で管理楽曲の包括利用許諾契約を結んでいるようなので、あなたが自分で演奏し歌ったのであれば、作詞家や作曲家、レコード会社などの許可（許諾）はいりません。彼らに無許可でアップしても、財産権である著作権や著作隣接権を侵害する心配はないのです。このことは、前項（動画投稿。190頁参照）で説明しました。

問題は、あなたも心配したように、曲の歌詞を替えて歌ったことです。このように歌詞を替える（改変という）場合には、投稿サイトが管理事業者と包括契約を結んでいる場合でも、作詞家の許可が必要なのです。無断で歌詞を替えると、作詞家の著作者人格権（同一性保持権）を侵害したことになります（著作権法20条1項）。

なお、以前、CDを作る場合の権利関係の流れを説明した際、「作詞家は曲（歌詞）の著作権を音楽出版社に譲渡する」と話しました（路上ライブの項。177頁参照）。でも、この場合、譲渡されるのは財産権（許諾権）の部分だけです。財産権譲渡後も、作詞家は一身専属する次の権利（著作者人格権という）については、その権利を持ち続けます。

・公表権……未発表曲を無断で公表されない権利（同法18条）

・氏名表示権……公表時に著作者として名前の表示を求める権利でペンネームを使うか本名を使うかなども作詞家自身が決めることができる（同法19条）

・同一性保持権……著作物（ここでは創作した歌詞）を、その意に反して無断で改変（変更または切除）されない権利

この歌詞改変をめぐる著作者人格権のトラブルは、10年ほど前、作詞家川内康範氏と歌手森進一氏との間で起きた「おふくろさん」騒動が余りにも有名です。

利用の目的がやむを得ない場合は無断改変も許される

あなたの場合、無断で歌詞を替えているのですから、作詞家の「同一性保持権」を侵害しているようにも思えます。しかし、著作権法はこの権利の例外として、「著作物の性質並びにその利用の目的及び態様に照らしてやむを得ないと認められる改変」については、同規定を適用しないと定めているのです（同法20条2項4号）。あなた

の場合、その利用の目的は、「彼女」に呼びかけ謝罪することですから、この例外規定に当たり、著作者人格権侵害の問題は生じないと思われます。文化庁の「著作権テキスト・平成29年版」には、その具体例に「歌手の歌が下手」があげられていました。

ところで、替え歌はどうなるのでしょうか。サークルや部活の打ち上げでは、かつては、男女の営みを揶揄した少々卑猥な替え歌が歌われていました。元歌は「東京音頭」や各大学の校歌、応援歌などです。校歌や応援歌は、著作権の保護期間を過ぎていることも多いのですが、このような替え歌はいわゆる「パロディ」として捉え、著作者人格権の侵害には当たらないと考えてもいいのではないでしょうか。

日本にはパロディについて定めた法律はありませんが、広告のパロディ写真で著作者人格権を侵害されたとして、原著作物の写真家が謝罪広告などを求めた裁判がありました。最高裁は、原告の社会的声望名誉が侵害されたかどうかの審理がされていないと、謝罪広告を命じた1審を破棄、差し戻しています（昭和61年5月30日判決）。

歌ってはいけない6

歌詞を替えて歌うことは珍しくありませんが、無断で歌詞を替えて動画をアップすると、著作者人格権を侵害することもあります。

7

葬儀場で音楽を流す

父が82歳で亡くなりました。集団就職で上京、30歳の時に東京郊外で小さな工務店を立ち上げ、5年前に会社を私に譲ると、その後は孫たちの成長を楽しみに余生を送っています。ただ、言葉には出しませんが、故郷には帰りたかったようでした。

葬儀には、その故郷から親族も弔問に来ます。父が好きだった故郷の民謡をかけて送ろうと思い、葬儀会場に音楽プレーヤーとCDを持ち込みました。しかし、会場の担当者からCDは使えないと言われたのです。CDの曲を流すには、著作権管理事業者やレコード会社の許可を取る必要があるそうですが、時間的に間に合いません。

親族にアカペラで歌ってもらおうと思っていますが、それもダメですか。

CDをかけるには著作権管理事業者とレコード会社の許可がいる

同じようなトラブルが最近も、ネットやニュースで話題になりましたが、家族葬や無宗派葬など葬儀のあり方が多様化する中で、今後増えそうなトラブルです。ただ、葬儀会場や葬儀社の言い分が法律的に正しいとしても、あなた方遺族の心情に対し、ずいぶん杓子定規で冷たい対応だな、と思います。

たしかに、他人が作詞作曲した曲を利用したければ、著作権者（作詞家、作曲家）の許可が必要です。無許可で演奏または歌唱すると、著作権（演奏権）の侵害になります。これが原則です。CDの再生も演奏ですから、私的使用目的や非営利の演奏に当たる場合を除けば、この原則が適用されます。

もっとも、あなたが利用した葬儀会場が、著作権管理事業者との間で音楽著作権の包括利用許諾契約を結んでいれば、何の問題もなかったのです。レコード会社やアーティストなど著作隣接権者には演奏権はありませんから、CDを流した葬儀の様子をネット上にアップでもしない限り、その会場ではCDを無許可で流せます（ネット上にアップする場合はレコード会社などの許可が必要。190頁参照）。

しかし、この葬儀会場は著作権管理事業者と包括契約をしていません。そのため、あなたが父親の葬儀でCDをかけたければ、担当者が言うように、著作権者の許可をもらうか、著作権管理事業者に楽曲利用の申請手続きをする必要があります。無断でCDをかけると、演奏権の侵害です（レコード会社などの許可は不要）。

とはいえ、使うＣＤは故郷の民謡ですから、おそらく著作権の保護期間（著作者の死後50年または公表後50年）を過ぎているのではないでしょうか。とすれば、民謡の著作権（財産権）は消滅しており、「公有（パブリックドメインともいう）」の状態になっています。公有であれば、原則として誰でもそのＣＤを自由に利用できますから、あなたは父親の葬儀でＣＤをかけてもかまいません。他の葬儀を妨害したり、会場の使用規約に葬儀場用意の音楽以外使えない決まりがなければ、そもそも葬儀場の担当者は、あなたのＣＤ使用を止めることはできないのです。

葬儀場ではアカペラで歌うのも許されないのか

葬儀は、そもそも非営利ですし、観客である弔問客は無料です（香典は入場料には当たらない）。また、あなたのようにＣＤも音楽プレーヤーも自分で持ち込み、機器の操作も遺族や故人の関係者が操作すれば、通常は無報酬ですから、著作権者の許可がいらない「非営利の演奏」に当たるとも思えます。

この場合には、保護期間が切れていないＣＤでも無許可で再生できますが、実際に操作するとなると、式次第の進行に合わせなければなりませんから、葬儀場の担当者が行うのが一般的でしょう。となると、ＣＤやプレーヤーを持ち込んだ場合でも報酬が発生しますし、また再生自体、葬儀場がしているとみなされます。これでは非営利の演奏とは認められません。

では、遺族や弔問客が自分で演奏する場合、たとえばアカペラで自発的に歌うようなケースは、どうでしょうか。他人の曲を会場で歌う場合、通常は不特定多数の弔問客がいます。歌詞カードも使わず、個人でバラバラに歌っている場合でも、「私的使用目的」といえるかどうか微妙です。厳密にいえば、無許可なら、やはり「演奏権」の侵害になるのではないでしょうか。

しかし、その一方で、葬儀場でCDを再生する場合とは異なり、弔問客が自発的にアカペラで歌った場合は、非営利、無料、無報酬ですから、「非営利の演奏」となり、保護期間内の楽曲でも、著作権管理事業主やレコード会社の許可は不要です。

また、非営利の演奏と認められなくても、著作権管理事業者の規定で使用料を免除される「祭りの屋台などで一時的に流す音楽」に当たると思われます。

歌ってはいけない7

音楽著作権の包括契約をしていない葬儀会場では、無許可でCDを流すことはできません。ただし、アカペラなら問題はないでしょう。

8

ライブを無断録音

この前、メジャーデビューしたばかりのビジュアルバンドのライブに行ったんだ。インディーズの時から気になってたバンドでさ。ファンクラブに入ってるから、いい席取れたしね。ライブ、最高に盛り上がったよ。それに、家でも楽しもうと思って、ダメ元で無断録音してたんだけど、予想以上に上手く音拾えてさ。

友だちに聞かせたらコピーくれって頼まれた。だから、CD－ROMにコピーして渡したんだけど、二人とも自分で聞くだけだから、問題ないよな……。

ライブの無断録音は原則として著作隣接権の侵害になる

無断録音がバレなかったのは、たまたま運が良かっただけのことです。見つかっていれば、あなたはそのバンドのライブには二度と入場できないでしょう。第一、自分で聞くためだったという言い訳が通じるとは限りません。その場合、告訴されると、あなたは最悪、刑務所行きです。そのことを肝に命じて、説明を聞いてください。

あなたが無断録音したバンド（実演家という）が、インディーズだろうがメジャーデビューしていようが、その演奏（実演）は、著作隣接権として保護されます（著作権法89条1項）。保護される権利は、具体的には次のようなものです。

①実演家人格権　氏名表示権、同一性保持権（名誉声望を害する改変のみが対象。意に反する改変すべてが対象となる著作者とは異なる。194頁参照）

②許諾権（財産権。無断利用を止める権利で、使用料支払いなどの条件付きで使用を認めることもできる権利）、録音権・録画権（無断で録音録画されない権利。実演が録音されたCDのコピーにも及ぶ）、放送権・有線放送権（生の実演を無断で放送されない権利）、送信可能化権（生の実演をアクセスがあったら送信できるよう無断でサーバーに記録されない権利。CDにも及ぶ）、譲渡権、貸与権

③報酬請求権（財産権。CDを放送で二次使用されたり、レンタルされた場合に、放送事業者やレンタル業者に使用料を請求できる権利など）

ライブを無断録音したあなたは、そのバンドの録音権（同法91条1項）を侵害したことになります。なお、演奏権は著作権で、実演家の権利ではありません。

私的使用目的での無断録音は著作隣接権の侵害にはならない

ライブの無断録音は立派な犯罪です。実演家の告訴が条件ですが、犯人には「10年以下の懲役もしくは1000万円以下の罰金（併科もある）」という重い処罰が待っています（同法119条1項）。ただし、盗撮者が問答無用で処罰の対象になる「映画の盗撮」とは異なり、ライブ（実演）の無断録音は、あなたのように「私的使用目的」でした録音は例外的に著作隣接権の侵害にはならないのです。当然、処罰の対象にもなりません（同法102条1項。ライブの無断録画も同じ。48頁～51頁参照。映画の盗撮は65頁～68頁参照）。

ただし、一般的にライブ会場は生演奏の録音を禁じており、開演前に館内放送などで繰り返し、そのことを説明しています。あなたも、それを了承して入場しているのですから、無断録音は契約違反です。たとえ私的使用目的の録音だと認められても（認められなければ著作隣接権の侵害）、あなたはバンド側から、録音の差止め、録音データの削除や退場を求められます。もちろん、入場料は返してもらえませんし、そのバンドのライブへの入場は以後禁止されるでしょう。

海賊版のＣＤでも、もらった本人が聞く分には問題はない

ＣＤをもらった友だちは、それが無断録音による海賊版だと知っていても、あなたが言うように、自分で聞くだけなら自由です。法律上、問題になることはありません。たとえば、無断録音がバレ、しかも私的使用目的と認められずに告訴されて、あなたが著作権法違反で有罪になったとしても、友だちが共犯で処罰されることも、バンド側から損害賠償を求められることもないのです（あなたが有罪になった場合、友人はもらったＣＤを没収されることはある。刑法19条２項）。

ところで今回、あなたの無断録音がバンド側に見つからなかったのは、偶然に過ぎません。見つかっても私的使用目的なら、現行法では著作権法違反に問われることはありませんが、違法ダウンロードのように、今後著作権法改正で私的使用目的の範囲が狭まることも十分考えられます。また、現在でも、法律違反にならなくても、契約違反にはなりますから、無断録音が見つかれば損害賠償を求められたりして面倒に巻き込まれることは間違いありません。絶対に無断録音はしないことです。

歌ってはいけない８

ライブの無断録音は、演奏するバンドの録音権を侵害しています。私的使用目的なら刑罰は適用されませんが、無断録音がバレると厄介です。

COLUMN

カラオケ動画の投稿

自分のことを知ってほしいと、自撮りの映像を動画投稿サイトにアップする人は多いでしょう。しかし、カラオケでの勇姿を投稿したら著作隣接権の侵害で訴えられるとしたら、どうしますか。

★メーカー側の主張を認める

カラオケ店の客が、人気女性グループの曲を歌っている動画を、ユーチューブに投稿したところ、業務用通信カラオケ機器メーカーから、自社のカラオケ音源に係る「送信可能化権」の侵害に当たるとして、動画の差止めと被告のスマホ内に残る動画データの消去を請求されたという事件です。

裁判所は、メーカー側の主張通り、送信可能化権の侵害を認め、自主的に動画を削除している被告に対して、動画差止め（送信可能化してはならない）とスマホ内に残る動画データ（被告占有のハードディスク内の動画の電磁的記録）などの消去を命じました（東京地裁・平成28年12月20日判決）。

動画投稿サイトが、著作権管理事業者と音楽著作権の包括許諾契約を締結している場合、CDやカラオケの曲を投稿者が自分で演奏してアップすることはできますが、CDや通信カラオケをそのまま音源にすることはできません。

法律上はともかく、一般の人には納得のいかない判決ではないでしょうか。

第4章

真似てはいけない

1

替え歌・ものまね

歌とギターが好きな会社員で、退社後や休日に音楽活動をしています。もっとも、会社や団地自治会のイベントで歌ったり、各地の施設や被災地でボランティアとして弾き語りをするだけで、プロとして活動しているわけではありません。

その私に、知り合いのライブハウスから「弾き語りのミニコンサートをしないか」と声がかかりました。わずかですが、客の入りに応じて出演料ももらえます。喜んで引き受けましたが、演目の大半は他人の曲のコピーです。ただ、施設で受けた面白い替え歌も入れることにしました。このライブハウスは音楽使用料を払っているので、著作権者の許可は不要です。

ライブハウスには当日、この演目リストを渡す予定ですが、問題ないですよね。

歌詞の変更や替え歌は作詞家の許可がいる

あなたは弾き語りですし、ライブハウスも曲の使用料を払っているようなので、他人の曲を無許可で歌っても何も問題はありません。レコード会社の許可もいりませんが、問題は替え歌です。あなたが演じる「替え歌」は、曲（メロディー）の部分はそのままで、歌詞だけ替えるということでしょう。

歌詞の著作者は作詞家です。作詞家には、「原作の歌詞を無断で替えたり、脚色するなど加工して別の歌詞（二次著作物という）を創作されない著作権（翻案権。著作権法27条）」および「その意に反して、歌詞を無断で改変されない著作者人格権（同一性保持権。同法20条1項）」があります。不特定多数の観客がいるライブやコンサートで、替え歌を無許可で歌えば、作詞家の翻案権や同一性保持権を侵害したことになるのです。

もっとも、作詞家は通常、その歌詞の著作権（財産権）を音楽出版社に譲渡します（3章・路上ライブの項。174頁参照）ので、ここでは同一性保持権についてだけ説明しましょう。

なお、楽曲の使用料を支払うことと歌詞の改変の許可（許諾）は別問題ですので、あなたが替え歌を歌うには、別に作詞家の許可ももらわなければならないのです。

利用の目的がやむを得ない場合は無断改変も許される

歌詞の改変をめぐる作詞家と歌手（実演家）との争いは、「おふくろさん」や「森のくまさん」といった誰でも知っている曲でのトラブルがニュースで報じられたので、記憶に残っている人はいると思います。

しかし、現実問題として、コンサートなどで歌うすべての替え歌で、作詞家の許可をもらう必要があるのでしょうか。

というのは、一口に「替え歌」といっても、元歌（原作）の歌詞とはまるで異なる内容のものから、ほんの少しだけ替えたものまで、その態様は様々だからです。それを大まかに割り振ると、次の3つのパターンに分けられます。

①まったくのオリジナルの歌詞と曲名に替えたもの
②元の歌詞に依拠して（元の歌詞を土台にして）手を加えたもので、新しい歌詞に創作性があるもの
③元の歌詞に出てくる人物名など固有名称を言い換えただけで創作性のないもの

①の替え歌は、付けた曲（メロディ）が同じというだけで、元の歌詞には一切依拠していません。創作物（著作物）ですが、新しく作られたものであって、原作を改変したものとはいえず、よって替え歌の歌詞は原作の作詞家の同一性保持権を侵害した

ものとは言えないでしょう。次に②と③の替え歌は、元の歌詞をベースに一部替えたものですから、原作に依拠しているといえます。もっとも、③はたんに人物名などを替えただけで、元の歌詞に依拠してはいますが、無許可でも同一性保持権を侵害する改変とまではいえないのではないでしょうか。著作権法も、同一性保持権の例外として、「著作物の性質並びにその利用の目的及び態様に照らしてやむを得ないと認められる改変」については、同規定を適用しないと定めています（同法20条2項4号）。ただし、「ですます調を、である調に変更したものが同一性保持権侵害に当たる」とされた判例（東京地裁平成7年5月31日判決）もあります。

原則的には、②の場合に限り許可をもらえばいいのではないでしょうか。

なお、歌手の物まねなども、実演家の同一性保持権を侵害しないようにしなければなりません。作詞家のそれと比べ、弱く狭いものですが、実演家にも、無断で「名誉声望を害するような改変をされない権利」があります（同法90条の3）。

真似てはいけない1

替え歌を公表する場合、出てくる人名を替えるなど軽微な改変やオリジナルの歌詞を除けば、作詞家の許可が必要な場合があります。

2

参考書と塾の教材

学習塾を開いて中高生を指導していますが、塾の生徒たちの受験対策のため、市販の受験参考書に掲載されている過去の入試問題を下書きにして、塾独自の予想問題を作成しました。

ところが、当塾で講師を頼んだ大学生が新問題作成の過程を漏らしてしまい、受験参考書の出版社から「著作権の侵害だ」と、クレームがきました。

参考にした過去の入試問題は、いずれも出題校が公表しているもので、解答と解説は当塾が独自に作ったものです。著作権侵害は言い過ぎじゃないですか。

無許可でコピーすれば著作権の侵害になる

学習塾は、学校教育の補完や受験指導を主な目的とする営利目的の法人または個人です。他人の著作物をコピー（複製）する場合、相手の許可（許諾）なくコピーすることが認められる「私的使用目的（著作権法30条1項）」や「教育関係（同法35条）」には該当しません。学習塾が、授業の教材作成のため、また教材として使用するため、他人の著作物をコピーしたり、通信教育の受講生に配信する場合には、学校など営利を目的としない教育機関とは異なり、著作権者の許可が必要です。無断で著作物を利用した場合、著作権の侵害になります。

あなたの塾が、生徒に配布し、塾の授業で使っている予想問題は、もともと受験参考書に掲載されている過去問を無断でコピー（複製）し、改変をしたものです。これは明らかに著作権（複製権や同一性保持権）の侵害です。

なお、参考書の過去問も著作物ですから、改変した行為も著作権（翻案権）の侵害です。たとえ、解説が独自に書かれていても、受験参考書の発行元の出版社のクレームは間違っていません。

公表された過去問でも使うには学校の許可がいる

あなたの塾が、受験参考書の出版社から「著作権を侵害された」と言われているのは、参考書に掲載されている過去の入試問題です。しかし、あなたが無断コピーした過去問はすべて、それぞれの出題校から公表されているものだそうですから、参考書への掲載のされ方により、あなたが許可をもらわなければいけなかった相手が違ってきます。

まず、あなたがコピーした過去問が、実際の入試問題で、しかも何も改変することなく、そのまま掲載されていたとしましょう。この場合、あなたがその問題の解答や解説を自分で書いたのであれば、その過去問は出版社の創作物とはいえませんから、二次使用の許可は出版社ではなく、著作者である出題校の許可だけをもらえばいいと思います。出題校に無断で利用した場合は、著作権（複製権）の侵害です。

なお、その問題中に小説やエッセイなど第三者の著作物が使われている場合は、その作品を書いた小説家やエッセイストなど著作者の許可ももらわなければなりません。入試問題に使う場合には、著作者に無断で作品を利用できます（私立学校の場合は補償金を支払う必要があります）。

では、受験参考書に掲載されている過去問が、出題校の試験問題を改変したものであった場合には、どうなるでしょう。実際、出版社が入試問題を二次使用する場合、その入試問題をそのまま掲載するのではなくて、改変することも多いようです。この場合には、あなたは出題校だけでなく、受験参考書の出版社の許可ももらわなければなりません。

あなたがコピーした過去問が試験問題そのものか、それとも改変されたものかは、その相談内容からはどちらともいえませんが、あなたが著作権を侵害していることは間違いなさそうです。出版社は今のところ、抗議をしてきただけで法的手段は取っていないようですから、あなたとしては予想問題など教材の自主回収やデータの廃棄を申し出て、穏便な解決を図るといいでしょう。

真似てはいけない2

学習塾は営利目的の法人または個人ですから、過去問など他人の著作物を利用する場合には、原則著作権者の許可が必要になります。

3

模倣マスコット

商店街の外れで、文具や刺繍用品を扱う雑貨屋を続けてきました。通学路で、学校帰りの中高生が寄ってくれたので、それなりに売上げもあったんです。でも最近は、表通りに100円ショップができ、客がそちらに流れてしまいました。そこで、店をファンシーショップに模様替えし、リニューアルオープンしたんです。

品揃えも、生徒さんたちの喜びそうなアニメ物やキラキラ物を増やし、店先に看板代わりに人気アニメのキャラクターに似せたマスコットを作って飾ったところ、生徒さんだけでなく、若い女性客が増えました。どうやら、スマホでマスコットと並んで自撮りした写真がSNSにアップされ、それを見て来てくれる人も多いようです。

ところが今日、アニメの原作者から電話があり、著作権の侵害だとクレームがつきました。マスコットを置き続けると、法的手段も辞さないと言います。

売るわけではないし、似せて作っただけでもダメなんでしょうか。

アニメの原作者は、二次著作物のアニメに製作者と同じ権利を持つ

あなたに売るつもりはなくても、そのマスコットを店の宣伝用に置いたことは否定しませんよね。その場合、まったく似ても似つかないものならともかく、誰が見てもマスコットが「アニメのキャラクターを真似たものなんだろうな」と思える（模倣品と推認できる）ものなら、著作権の侵害だと言われても仕方ありません。

ところで、クレームはアニメの原作者からだそうですね。アニメは、映画の著作物ですが、その著作権は通常映画の製作者にあります。ただし、原作がある場合には、その原作者も「二次的著作物」であるアニメの著作権者と同等の権利を持っているのです（著作権法28条）。

余談ですが、あなたのマスコットによる著作権侵害が悪質な行為とみなされれば、原作者より、まず映画の製作者（アニメ製作会社）からマスコットの回収や廃棄を要求してくるでしょう。原作者からクレームがあったのですから、アニメ製作会社も当然、その事実は把握しているはずです。それなのに、まだ何も言ってこないのは、現段階では著作権の侵害というほどのことではないとみているのか、あるいは悪質な侵害行為だとは判断していないということでしょう。

アニメキャラと特定できれば複製権の侵害になる

あなたのようにアニメのキャラクターを真似て、イラストを描いたり、マスコットや縫いぐるみを作ったことがあるという人は多いでしょう。このように、著作物を形あるものに再製するため、著作物を無断でコピー（複製）すると、著作権（複製権）の侵害になります。しかし、アニメキャラを真似てイラストなどを描いている人の大半は許可などもらっていないはずです。では、無断製作のイラストやマスコット、縫いぐるみは、すべてが著作権の侵害になるのでしょうか。

それを、個人的に楽しむため（私的使用目的）に作ったのなら問題はありません。しかし、あなたのようにショップの看板代わりに飾る場合、明らかに宣伝販促用だと判断され、私的使用目的とは言えないでしょう。たとえ売り物にしない場合も、著作権者の許可（許諾）が必要です。営利目的ですから、無断でマスコットを作ったことは、複製権の侵害になります。

なお、そのマスコットは、必ずしもアニメのキャラクターとそっくりである必要はありません。誰が見ても、そのアニメキャラだと認識できれば、著作権の侵害と判断されるのです。

あなたの作ったマスコットをＳＮＳで見て、わざわざ来店する客もいるということは、おそらく誰が見てもアニメキャラだと思える出来なのでしょう。とすれば、著作権の侵害になる可能性が高く、商標権や意匠権の侵害になる場合もあります。

あなたは、マスコットを今すぐ、店から引き揚げた方がいいでしょう。原作者にも引き揚げた（回収した）ことを連絡し、謝罪すれば、それ以上要求はしてこないはずです。また、マスコットも個人的にアニメが好きで作ったと説明すれば、店の宣伝に使わないことを条件に、壊すことまでは求めてこないでしょう。

少なくとも、客寄せの効果は十分果たしたのですから、アニメ製作者からクレームが来るなどトラブルが大きくなる前に対処することも重要です。

真似てはいけない3

店先に置いたマスコットは客寄せなので、特定のアニメキャラの模倣と推定できれば、無断コピーとして著作権侵害になる可能性があります。

4

店名にアニメキャラ

服飾関係で働いていましたが、独立して自分の店を持ちました。といっても古着屋です。店の名は、好きなアニメから取りました。主人公の少女のキャラクターの名前です。ありふれた私の名をつけるより、はるかにインパクトがあります。店内にも、そのアニメやキャラクターのグッズを飾り、外からも見えるように通りに面した壁は全面ガラスに替えました。店名が良かったのか、当初から来店客は予想以上です。

でも、様子を見に来た友だちの一人が、「店の名前、許可もらったの。勝手に名前をつけたらヤバいんじゃない」と、言い出したんです。無断でキャラクターグッズとか作って売ってるわけじゃないし、店の名前ぐらい問題ないですよね。

アニメやキャラクターの名前は商標登録をされていることもある

アニメや漫画、ドラマなどの人気にあやかろうと、そのタイトルや主人公の名前を店名にすることは珍しいことではありません。ただ、アニメやドラマの製作者、漫画家や原作者など著作権者や著作隣接権者が、その名前を商標登録している場合もあり、その場合には無断で命名すると、商標権（本章6・かぶった商品名の項。225頁参照）の侵害になることもあります。

ところで、アニメや漫画のキャラクターとは、その作者が、容姿、年齢、性格、プロフィールなどを与えた登場人物のことです。よくキャラクター権などと使いますが、個々の作品のキャラクターは本来、著作権法上の「著作物」ではありません。著作物となるのは、そのキャラクターが登場するアニメや漫画そのものです（最高裁・平成9年7月17日判決）。

もちろん、著作物の一部であるキャラクターには、著作権があります。たとえば、あなたが店名にしたキャラクターに似せた少女を描き、それを使って無断でグッズを作り、客や関係者に配ったとしましょう。有料でも、無料でも、著作権の侵害になります。そのグッズの配布はすぐに止めなければなりません。

しかし、あなたがキャラクターを真似て描くことは私的使用目的ですから自由ですし、自分で購入したアニメやキャラクターのグッズを店に飾ることも原則自由です。

誰もがアニメを想いうかべる店名でなければ問題はない

店の名前を勝手にアニメのキャラクターにしたら、後からアニメの製作者や原作家から「商標権侵害だから店名を替えてくれ」と、クレームがつくこともないとは言えません。ただし、著作権者や著作隣接権者がアニメやキャラクターの名前を商標登録していたとしても、どんな場合でも商標権の侵害になるわけではないのです。

その店名から、誰もが元のアニメや原作の漫画、キャラクターを想像すると思える（推認という）場合には、商標権の侵害と判断されるでしょう。アニメのタイトルが店名の場合、後々店名の変更を余儀なくされることは、ままありうると思います。

真似てはいけない4

アニメのキャラクターを店名にすると、誰もが元のアニメを想像できるような場合には商標権の侵害になり、店名変更の必要も出てきます。

5

パロディ商品

当社は、面白パーティグッズやパロディ商品の製造販売業者です。自社ブランドもありますが、客から依頼があれば、パクリ商品も作ります。先日も、イベントで配るトートバッグを頼まれ、ブランド品そっくりに作りました。もっとも、バッグ表面のロゴマークが違うから、誰が見てもニセモノだとわかります。

イベントで好評だったと聞き、ロゴを当社のものに替え、そのバッグをネット販売しました。外観はブランド品そっくり、値段は本物の1割以下なので、売行きは好調です。パロディ商品で本物でないことは明記したので、問題ないはずでした。

ところが、ブランドのバックメーカーから、当社バッグの販売差止めおよび回収を求める通知書が届いたのです。応じないと訴えるとも書かれています。

当社としては、パロディ商品として商標登録も考えていたんですが……。

ブランド品をパクれば意匠権の侵害になる

人気ブランドそっくりのパクリ商品（模造品）を製造販売することは、本物を扱うメーカーや小売店の業務を妨害しますし、その事実を知らない消費者に対しては詐欺行為を働いているといえます。ただ一方で、ニセモノと知りながら、その商品を購入、使っている人も少なくないのです。

バックや衣装などの実用品も、美的創作物であることに変わりありません。美術の著作物である絵画や彫刻、漫画、書などを「純粋美術」と言うのに対し、デザインや装飾を組み入れた実用本位の品物という意味で、「応用美術」と呼ばれます。

もちろん、応用美術の創作物でも、独立した美的特性のある美術工芸品など、純粋美術と同視できる場合は、著作物として著作権法の保護を受けます。しかし、実用性や機能性が強く、全体として美術鑑賞の対象となる審美性が備わっているとは認められない工業的な量産品は著作物とはいえません。あなたがコピー（複製）したバックも、ブランド品とはいえ、工業的な量産品の実用品と考えられます。

実用品は著作権法の保護は受けられなくても、そのデザイン形態は意匠法の保護対象です。具体的には、物品の形状、模様、色彩、これの結合であって、視覚を通じて美感を起こさせるものを「意匠」といいます。意匠登録により意匠権を取得できます

パロディとパクリの違いは？

孫が好きなブランドが、
このお店では
安いわね！
お値打ちですよ！

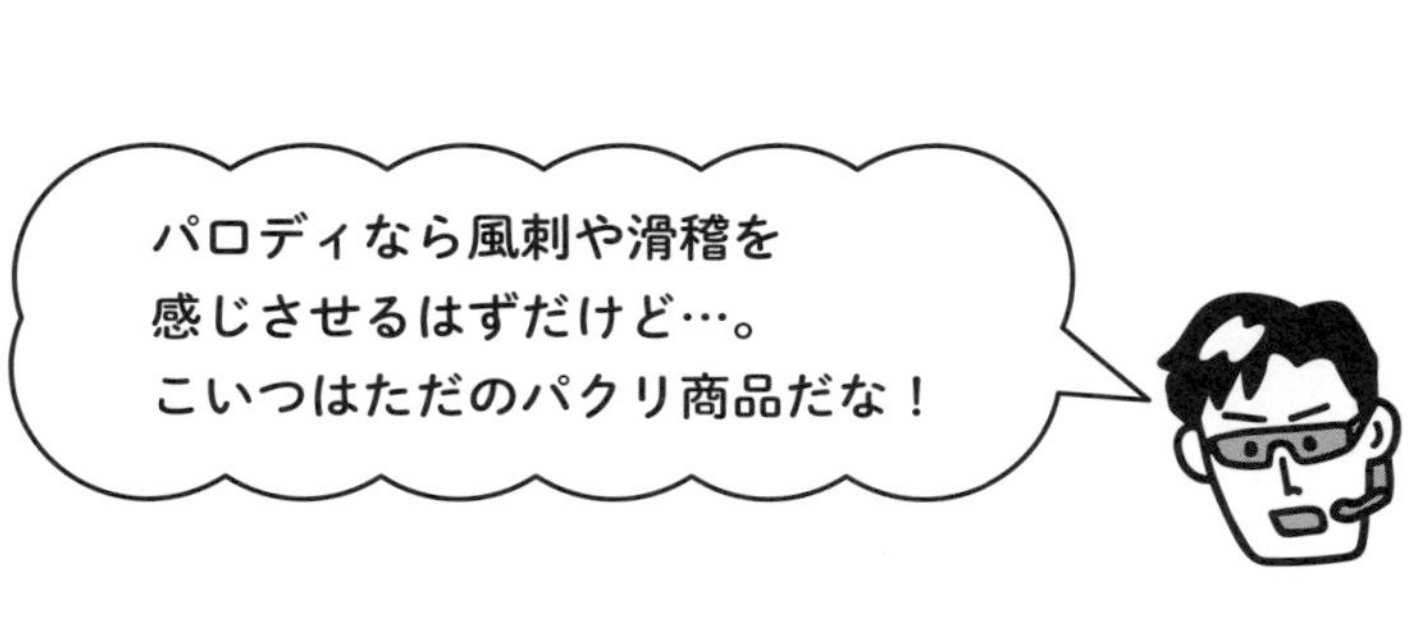
パロディなら風刺や滑稽を
感じさせるはずだけど…。
こいつはただのパクリ商品だな！

し（存続期間20年）、意匠権者は権利を侵害した相手に侵害の停止を求めることができるのです（同法37条1項）。あなたの会社は、相手の会社の意匠権を侵害したのですから、通販で販売中のニセモノのバックを回収し、廃棄しなければなりません。

パロディ商品であれば商標登録も可能である

あなたは、問題のバックをパロディ商品だと主張します。たしかに、高級腕時計を連想させるパロディ商品が商標登録を認められた判例（フランク三浦事件。最高裁・平成29年3月2日決定）はありますが、裁判所は争いになった当事者の商品は、その外観やイメージが大きく違うと指摘しているのです。

あなたの会社のバッグは、ロゴが違うだけで外観はブランド商品そっくりなのですから、ただのパクリ商品にすぎません。パロディ商品とはいえず、特許庁に商標登録を申請しても、認められないでしょう。

真似てはいけない5

誰が見てもニセモノとわかっても、デザインなどを真似て、その外観が本物のブランドバックそっくりなら、意匠権の侵害になる。

6

かぶった商品名

親父が亡くなり、実家の洋菓子店を継ぎました。この場所で30年以上営業しているので、地元ではそれなりに知られた店です。開店当初からのロングランの菓子が一番の売れ筋ですが、私も代替わり記念の新商品を考案、名前をつけて発売しました。

評判は悪くなかったのですが、大手菓子メーカーから同じ名の似た菓子が出ていたんです。相手は、その名を商標登録しており、私が新商品を売るのを止めなければ、法的措置も辞さないと通知してきました。どうしたらいいですか。

当店のような地元だけで営業する店は、新商品を売り出しても、一々商標登録などしませんし、すでに商標登録した菓子があるかどうかも、事前に調べません。今回、商標登録は早い者勝ちだということも知りましたが、たとえば開店当初からのロングランの菓子でも、他の人が同じような菓子を作り、同じ名で先に商標登録してしまうと、当店は長年使っていた菓子の名を使えなくなるのでしょうか。

商標登録は先に出願登録した方が勝ちである

「商標」とは、会社や商店などが生産し販売する商品や提供するサービスを特定するための標識（標章という）です。人の知覚によって認識できる文字、図形、記号、立体的形状、色彩、音から構成されます。具体的には、商品やパッケージ、看板やＣＭなどに使用されて、その商品の出所を明示し、品質を保証するもので、商標を使用する者の業務上の信用の維持と需要者（商品購入者やサービス利用者）の利益を保護する役割があります。

商標を独占的に使用するためには、特許庁に登録出願し、その審査を経て（審決という）、商標登録原簿に登録することが必要です（著作権は著作者が登録など手続きをしないでも自動的に付与される）。ただし、出願には手間と費用がかかるため、あなたの店にように手続きをしないままのところも少なくありません。

商標登録が認められた会社や商店は、同一商標を使用する第三者に対して、その使用差止めや商標を利用した商品の廃棄などを請求できます（商標法36条）。なお、商標権の存続期間は10年で（更新可能）、同一または類似商標の商標登録は、先に出願した方が登録を受けられます（先願主義の原則。同法８条）。

あなたが新商品として売り出した菓子の名は、すでに大手菓子メーカーが商標登録しているのですから、あなたの店の新商品は商標権侵害といえそうです。その名前を使い続けることはできません。相手の抗議を無視して、今の商品名のまま販売を続けると、相手方から商標権の侵害だとして、商標権の使用差止めや商標を使用した商品の廃棄、損害賠償などを裁判で請求される恐れがあります。

ここは、新商品の販売を止めるか、あるいは商品名を替えてリニューアルするしかないでしょう。

周知権が認められれば商標を使い続けることは可能

あなたの店には開店当初からのロングラン商品があるそうですが、菓子メーカーが商標登録したのが新商品ではなく、このロングランの菓子だったらどうでしょうか。

商標権は先願主義ですから、大手菓子メーカーが先に商標登録してしまった以上、あなたは長年使用してきた商標でも使い続けることができないのが原則です。相手の通知を無視して商標を使い続けると、商標権の侵害だとして、相手の菓子メーカーは裁判を起こしてくるでしょう。

もっとも、問題の菓子は、あなたの店が開店当初から販売しているロングラン商品で、その商品名も30年以上も前から使っているのですから、少なくとも地元ではよく知られているはずです。あなたは、「周知権」を主張するといいでしょう。

「周知」とは、その言葉通り、「よく知られている」「有名」ということですが、その規模は、単に地元というのではダメで、ある程度の地域で知られていることが必要とされるようです。この周知権が認められれば、あなたの店の商品は今まで通り商標を使用できます。また、相手方の商標登録の審決の取消しも請求できます。この周知権の有無は、近隣住民の署名などによっても証明が可能です。

裁判で争うこともできますが、あなたの場合にはお勧めできません。菓子メーカーと話し合い、相手から商標の使用許可（普通使用権）をもらって、今まで通り商標を使い続けるのが、現実的な対応だと思います。

真似てはいけない6

商標登録された名前を勝手に使うことはできません。ただし、周知権が認められるような場合は、今まで通りの商標を使い続けられます。

7

同人活動

人気アニメのファンですが、その主人公をモデルにした小説を書きました。キャラクターや大まかなストーリーはアニメのままです。原作者の許可はもらってませんが、小説を同じアニメファンが主宰する同人誌に投稿したところ、とくに修正もされずに全文掲載されました。他にもアニメのキャラクターのイラストや勝手にストーリーを変えた番外編のアニメも掲載されていますが、私と同様に無許可のようです。でも、今まで原作者からクレームが来たという話も聞きません。黙認しているようです。

ところが、同人誌を読んだアニメファンの一人から、私の小説は著作権の侵害ではないかという投稿がネット上にあり、ファン同士の論争になっています。

この同人誌の読者は同じアニメのファンだけで、一応定価はついてますが、実際は同人のファンにだけ配る非売品で、営利を目的としたものではありません。私的使用といえますから、著作権の問題はないですよね……。

著作者には二次的著作物の創作を許可しない権利がある

他人の著作物（ここではアニメ）をベースにして、その本質的部分は変えないまま（依拠という）新しい著作物を創作することを「翻案」といい、できあがった著作物を「二次的著作物」といいます（著作権法2条1項11号。元になった著作物を原著作物という）。あなたの書いた小説もアニメの二次的著作物です。また、その同人誌にはキャラクターのイラストも載っているそうですが、イラストも単なる模写ならコピー（複製）ですが、創作性があれば翻案で、小説同様に二次的著作物になります。

この翻案できる権利も著作権ですから、二次的著作物を創作する場合も原著作者の許可（許諾）が必要です（同法27条）。原著作者の許可をもらわないまま、原著作物を無断使用して創られた二次的著作物の著作者の行為は、著作権（翻案権）の侵害になります。あなたの小説も、アニメの原作者に無許可で翻案したのですから、著作権の侵害だと非難されても仕方ないでしょう。

読者が特定のアニメファンでも同人誌に載せると私的使用にはならない

あなたは、同人誌は売り物ではないし、その読者は同人である特定のアニメファンだけだから私的使用目的で、著作権の侵害にならないと言いたいのかもしれません。

しかし、同人誌は通常、出版社や図書館などにも送られますし、コミケに出品されることもありますから、不特定多数の人に読まれる可能性があります。また、あなたの同人誌が部外秘扱いで、本当に同人のファン以外には読むことができないとしても、その読者は特定少数ではなく、特定多数です。

よって、同人誌も、あなたの小説（創作物）も、私的使用の条件である「個人的にまたは家庭内その他これに準ずる限られた範囲内」からは、明らかに逸脱しています（著作権法30条1項）。

その同人誌の主宰者が著作権者（アニメの原作者など）であれば、著作者の暗黙の許可があったとみなされますが、そのケースを除けば、あなたは原作者の許可を取る必要があったのです。

なお、その同人誌には、アニメのストーリーを勝手に変えた作品も載っているそうですが、それは著作物の改変で、アニメの原作者の著作者人格権（同一性保持権）を侵害したことになります。

漫画やアニメの世界ではファンの翻案や改変を黙認することも

あなたは無許可で小説を発表しているのですから、原著作者の暗黙の了解を立証しない限り法律的には読者が指摘した通りで、著作権の侵害とみなされます。しかし、アニメや漫画のファンが二次的著作物を無許可で創ったり、原作のストーリーを勝手に変えて発表することも珍しいことではありません。その作品が、公の場で何も問題にされずに、堂々と売られていることもあるようです。

これは、日本のアニメや漫画の特色の一つかもしれませんが、あなたが感じたように、ファンの無断使用を原作者がある程度黙認してきた歴史があります。営利目的の複製本や翻案本だったり、原著作物や著作権者の名誉を傷つける悪意ある誹謗中傷の翻案や改変でなければ、ファンの無許可利用を黙認することでアニメや漫画の裾野を広げ、新しいコンテンツや創作者を生み出してきたのです。

真似てはいけない7

人気アニメの二次的著作物を創りたければ、原作者などの許可をもらうのが原則だが、実際には黙認されていることも少なくありません。

COLUMN

正しいコピペ

公表された他人の意見や資料などを「引用」することは珍しくありません。相手の許可なく引用が認められるルールは2章を参照していただくとして、具体例で引用と認められるかどうかを説明します。

たとえば、写り込みのトラブル対処法の解説で、他人がSNSに投稿した次の文章を引用したとします。

【原文】「屋外撮影では、他人が写り込むことは避けられない。トラブルにしないためには、写り込む相手に一言、『入ってしまいますがいいですか』と声をかける方法がある。これをスマホ撮影のマナーだと言う人もいる。ただ、法律的に問題ない以上、そこまで気を使う必要はないはずだ。そもそも撮るのに夢中で、写り込みのことなど気が回らない。

たしかに、気づいた相手ともめることもあるが、そんな時は話し合うよりも、サッサとその場を離れればいい。逃げるが勝ちだ」。

この文書を引用し、新しく三つの文章が作られましたが、すべて著作権法32条1項の引用と認められるでしょうか。

◆

①必要最小限の範囲で引用した場合

法律的に問題がないから、声をかける必要はないという投稿者の意見には賛同できません。トラブルを防ぐためにも、マナーは大事です。もっとも、「話し合うよりも、サッサとその場を離れればいい。逃げるが勝ちだ」という部分はうなづけます。

②全文丸々引用した場合、

写り込みについて、ネットで、「屋外撮影の……（以下、全文引用）……場を離れればいい。逃げるが勝ちだ」と、述べた人がいたが、私も同意見だ。

③引用部分があいまいな引用

屋外で撮る場合、他人が写り込むことは避けられないのだから、もめないためにも、写り込む相手に一言声をかけるのがマナーだと思う。しかし、そこまで気を使う必要はないと言う投稿者の逃げるが勝ちという言い分にも惹かれる。

◆

①は、引用部分を「　」でくくって、自分の意見部分（著作物）と明確に区別しています。主従の関係もハッキリしており、引用の必然性もあるので、引用と認められます。上手なコピペです。

②は、引用部分（従）が大半で、自分の意見部分（主）と比べ、正当な範囲内の引用とは認められません。また、引用部分以外は原著者のプロフィールや法律条文など資料を羅列しただけという場合には、新たな創作部分がないので、これも引用とは認められません。

③は、引用部分と自分の意見部分との区分が明確ではなく、どこからどこまでが引用か、あいまいです。これも引用とは認められません。

『撮ってはいけない』かんたん用語辞典

文末（ ）内は該当頁です。

写り込み　街中で撮る場合は、被写体のバックに他人や著作物が写り込むので注意が必要です。通常、相手には無許可のため、肖像権、プライバシー権、著作権を侵害されたと、クレームをつけられることがあるからです。もっとも法律上は、写り込んだ著作物（付随対象著作物という）は相手の許可なしに利用が認められています（著作権法30条の2）。肖像権やプライバシー権も明文規定はありませんが、権利の侵害になりません。（24・37）

演奏権　歌手やミュージシャンなど、いわゆるアーティストの権利と思いがちですが、演奏権は楽曲の作詞家や作曲家の権利です（著作権法22条）。（172・181）

飼い主のプライバシー権　ペットは法律上、物ですから、人間のように肖像権やプライバシー権はありません。ただし、無断で撮ったペットの画像から、その飼い主が特定できる場合、飼い主のプライバシーを侵害したことになります。（34）

実演家　俳優や歌手、タレントや音楽家など演者の他、指揮者や演出家も含まれます（著作権法2条1項4号）。舞台やテレビなどでの実演は、著作隣接権として保護され、著作者人格権と同様、実演家人格権もあります（公表権はない）。（175・201）

肖像権　自分の容姿や私生活をみだりに撮られたり、その画像を公表されない権利（人格権）です。隠し撮りは通常、肖像権の侵害やプライバシーの侵害になります。（19・28・35）

商標権　商品パッケージやＣＭなどに使う商標（文字や図形、立体的形状や色、音などから構成される）を排他的、独占的に使用できる権利のことです。ただし、権利を主張するには、特許庁に出願し、審査を経て、商標登録原簿に登録する必要があります。（71・217・220・226）

送信可能化権　実演家、レコード会社、放送事業者、有線放送事業者が持つ著作隣接権の一つで、実演のデータを自動公衆送信装置（たとえばサーバー）に蓄積・入力して、アクセスした受信者に送信できるようにする権利です。著作隣接権者以外が無断で行うと、送信可能化権の侵害になります。(204)

著作権の侵害　私的使用や引用など法律で著作権が制限される場合を除けば、他人の著作物を無断で利用する行為は著作権の侵害です。ただ、刑事罰がある違法行為でも、その多くは親告罪です。(45・59・70・80・105・109・119・130・148・167・190)

著作権フリー　無許可で誰でも自由に使えるように指定されている著作物の状態をいいます。たとえば、著作者自身が「著作権フリー」を宣言している場合、もともと著作物ではない場合、著作権の保護期間が過ぎた場合などがあります。(79・143)

著作者人格権　一身専属の権利なので、財産権である著作権と違って他人に譲渡はできません。具体的には、公表権、氏名表示権、同一性保持権の三つがあります。(116・136・156・194)

著作隣接権　著作物を実演などにより世間に広めた（公に伝達した）実演家、レコード製作者、放送事業者、有線放送事業者に与えられる権利です。実演家の場合、実演家人格権の他、財産権として許諾権（録音・録画権、放送権・有線放送権、送信可能化権、譲渡権、貸与権）と報酬請求権が付与されます（著作権法89条1項、90条の2～95条の3）。なお、著作隣接権は著作権と異なり、創作性は要件とされません。(49・171・175・190)

同一性保持権　著作者人格権の一つで、小説や写真など著作物の内容やタイトルを自分の意に反して、他人に無断で改変されない権利です（著作権法20条）。なお、同様の権利は実演家人格権にもあります（90条の3）。(116・138・156・194・207・231)

ながらスマホ　「歩きながら」「運転しながら」など、他のことをしながらスマホを操作することで、屋外では転落衝突など危険と隣り合わせです。（98）

二次著作物　小説や楽曲などの著作物を映画化したり、編曲したりして新たに創作された著作物のことです。原著作者は無断で二次著作物を創られない権利があり、二次著作物については、その著作者と同一の権限を持ちます（著作権法27条、28条）。（155・207・215・230）

日常のスナップ　家族の日常や風景を撮った、ありふれた写真でも、構図などに個性があると著作物と認められます。（29）

パブリシティ権　芸能人やスポーツ選手が名前や画像を広告などに使われた場合、その財産的価値を請求できる権利です。個人で楽しむ場合でも隠し撮りした画像をSNSにアップすると、パブリシティ権の侵害になります。（23・33・37・109）

必勝のソフト　ネット上の対戦ゲームで、そのユーザーが必ず勝てるように不正なプログラムを組み込んだ違法ソフトのことです。違法と知って使うと処罰される可能性もあります。（162）

複製権の侵害　絵画や写真など著作物を無許可でコピーすると、複製権の侵害です。また、CDの無断コピーはレコード会社の複製権の侵害になります。ただ、私的使用目的や引用など自由にコピーできる場合もあります。（45・59・70・119・141・148）

翻案権の侵害　翻案とは、小説や漫画から映画など二次著作物を創作するために行う原著作物の改変のことです。原著作物の本質（同一性）を無視した改変や著作権者に無許可の改変は、翻案権の侵害です。（141・207）

ライブの無断録音　著作隣接権（実演家の録音権）の侵害で、犯罪です。なお、私的使用目的の無断録音は著作隣接権の侵害には問われませんが、ライブの契約条件違反（債務不履行）になります。（200・202）

あとがき

スマホの普及は、誰もが家族や友人との日常風景だけでなく、身の回りで起きる様々な非日常の出来事も手軽に撮ることを可能にしました。その写真や動画はリアルタイムでＳＮＳにアップされるため、事故や災害、犯罪などのニュース報道においても、今では一般市民の投稿画像は欠かせないコンテンツです。

しかし、その一方で、被写体とトラブルになることもあります。公園で遊ぶ子どもが可愛いからと勝手に撮れば、その子の親から「肖像権の侵害！」と怒られることもあり、撮った画像を黙ってＳＮＳにアップすれば、プライバシーの侵害でトラブルに発展することもあるのです。相手の許可なく「撮ってはいけない」のです。

同じようなクレームは、被写体の後方にいてたまたま写り込んだ相手からつくこともあります。この場合、法律上は相手の許可はいりませんが、一言「写り込みますが撮ってもいいですか」と断ってから撮ればトラブルにはなりません。相手ともめないためには、法律だけでなくマナーも重要なのです。

なお、ネット上にアップされた画像や動画は、著作物として保護されます。撮影者の許可なく「使ってはいけない」のです。また、市販のCDに合わせて自宅で歌うのは自由ですが、カラオケの伴奏に使うためには著作権者などの許可が必要で、無許可で「歌ってはいけない」のです。私たちの周りには便利なグッズが溢れていますが、その使い方を間違えると、思わぬ法律トラブルに巻き込まれます。

本書は、スマホとSNSをめぐるトラブルの他、映像や音楽、ゲームなどネットに関わるトラブルの解決法や防止法を、具体例を使ってわかりやすく説明してあります。また、肖像権やプライバシー権の他、著作権法の私的使用目的や引用、非営利の演奏などについても、法律的な考え方だけでなく、相手への対応の仕方やコツなど具体的なアドバイスも紹介しました。

今日、スマホやSNSは日常生活では欠かせません。撮った写真や撮られた動画でトラブルが起き、困っている人にとって、本書がお役に立つと信じています。

なお、本書の出版にあたり、法律監修をしていただいた紺野礼央弁護士、巻頭漫画とイラストを描いてくださった今井ヨージ氏に心から謝意を述べるとともに、遅筆の私を励まし、根気よく付き合ってくださった編集部の大矢龍弘氏に感謝します。

平成29年10月吉日

著者　飯野たから

著者 **飯野たから**（いいの・たから）
山梨県生まれ。慶應義塾大学法学部卒業。銀行、出版社でのサラリーマン生活を経て、1982年からフリーライター。1990年『巨大銀行の罠・銀行検査官（ペンネームTAKARA。日本文芸社）』で劇画原作デビュー。著書に、『著作権のことならこの１冊』『戸籍のことならこの１冊』（以上、共著）、『大家さんのための賃貸トラブル解決法』『有利に解決！離婚調停』『有利に解決！相続調停』『マンガでわかる・女が得する相続術（原作）』（以上、自由国民社）などがある。

監修者 **紺野礼央**（こんの・れお）
弁護士・弁理士。兵庫県生まれ。2016年に小野・紺野法律事務所を開設。インターネット上のトラブルや知的財産権に関する問題を多く扱っている。「めざましテレビ」等に出演歴あり。物心ついたときからベビーカステラが大好きで、ベビーカステラに詳しい。

撮ってはいけない

2017年11月17日　第１刷発行

著　者	飯野たから
発行者	伊藤　滋
発行所	株式会社自由国民社
	〒171-0033 東京都豊島区高田3-10-11
	03-6233-0781（代表）
	http://www.jiyu.co.jp/
漫画・イラスト	今井ヨージ
カバーデザイン	JK
本文組版	有限会社中央制作社
印刷所	横山印刷株式会社
製本所	新風製本株式会社